AF390377

LE MIROIR D'ASTROLOGIE NATVRELLE.

TRAICTANT DE L'INCLInation de l'homme & de sa natiuité, de tous les mois de l'année, & de tout ce qu'il peut auoir de bien ou mal.

Auec vn Traicté de la complexion & maladies des femmes, de leur inclination, du bien & du mal, & de leur vie.

Où est adiousté de nouueau la connoissance de la bonne ou mauuaise fortune.

Par SINIBAL DE SPADACINE, de Chasteau-neuf, Astrologue de l'Estat de Milan.

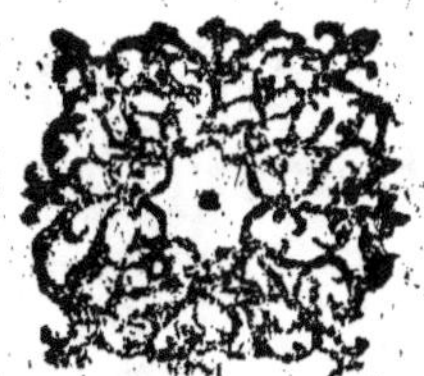

A TROYES,

Chez NICOLAS OVDOT, ruë Nostre Dame, au Chappon d'Or Couronné. 1676.

POEME DE L'OEVVRE.

Comme tout homme est desireux de sçauoir ce qui luy peut aduenir, moy SINIBAL DE SPADACINE, de Chasteau-neuf, de Scriuie, de l'estat de Milan, Astrologue, me suis delecté en cette excellente profession d'Astrologie, dependant des incisions celestes, de laquelle s'ensuiuent tous biens, comme preuue Ptolomée. Ce neantmoins me suis resolu de faire imprimer cét Oeuure nouuelle, appellé Fleurette d'Astrologie naturelle, pour satisfaction & contentement de tout homme curieux & docte & pour l'allegresse de leur cœur, monstrant toutes les choses accidentelles, lesquelles vrayement declinent aussi tous les signes naturels qui paroissent sur le corps humain, & autres estoiles fixes selon l'obseruation & preceptes donnez de l'ingenieuse inuestigation des choses celestes : Mais ie veux aduertir Messieurs que non seulemét tous les Astrologues, mais aussi les Philosophes & Theologiens, consentent que les corps celestes ont gouuernement & domination absolue sur les choses terrestres, mais il est vray que l'homme par sa volonté peut resister à l'inclination des estoiles & Planettes, ainsi qu'escrit Ptolomés en son Care-party, & Aristote preuue que l'on peut fuir & euiter le point perilleux par la prudence : Sapiens dominabitur

Astris, ainsi tout aomme deuroit s'efforcer à faire
resistance, d'autant qu'il est escrit, que le docte &
sage se peut garder de la constellation & de sa malignité, lors qu'il se voit incliner à telle chose,
pource qu'alors toutes natures ne sont bonnes,
ainsi ce n'est chose difficile de resister à l'influence
naissant du Ciel & conceptes. Et en la natiuité
que le liberal arbitre est de nostre propre volonté,
& s'il se peut faire ainsi sans autre repugnance,
non moins est vray semblable que l'on peut se garder des choses contraires, & eslire le bon par la
grace de Dieu, & les creatures se doiuent regir
selon la raison qui est par dessus tout : quelques-
vns ont eu vraye seigneurie, & sur le destin plus
que l'estoille me monstroit toute leur force absolu-
ment en nostre ame, qui est chose diuine plus qu'autre chose : mais pource que les creatures se gouuer-
nent plus selon les gens que par la raison, vien-
nent comme chose terrestre estre suits à toute influences celestes, & priuez de la grace. Mais si le
curieux Medecin peut éuiter les effects causez des
Planettes, pource qu'il ne pourra faire nostre vouloir, & parlant tous à deuinateurs que ce qui con-
cerne aux choses futures & contingentes, il ne se
peut determiner rien de certain, & qui dira le
contraire, sa doctrine est vaine, digne d'estre cha-
stiee comme sont Neglomancie. Geomancie, Idro-
mancie, Piromancie, Aramancie & la Ruspine,

esquelles n'ont fondement, & sont de peu de va-
eur & debile science, & pour cette raison sont re-
utez de la saincte Eglise.

Et pource moy, SINIBAL DE SPADACINE,
leclare à tous, que les estoilles fixes lesquelles sont
onnuës de tous Astrologues, sont mil cent vingt-
eux, diuisez en quarante-huit images ou figures,
& sept Planettes en sa nature, parquoy ceux qui
naissent en ces signes & mois desquels vient l'in-
uence en ces choses inferieures, ne sont tyrannisez
le celles estoilles par le respect de nostre liberal ar-
itre. Cecy est l'Horoscope de l'œuure, qui ne contre-
dit à Dieu, ny à sa saincte Eglise.

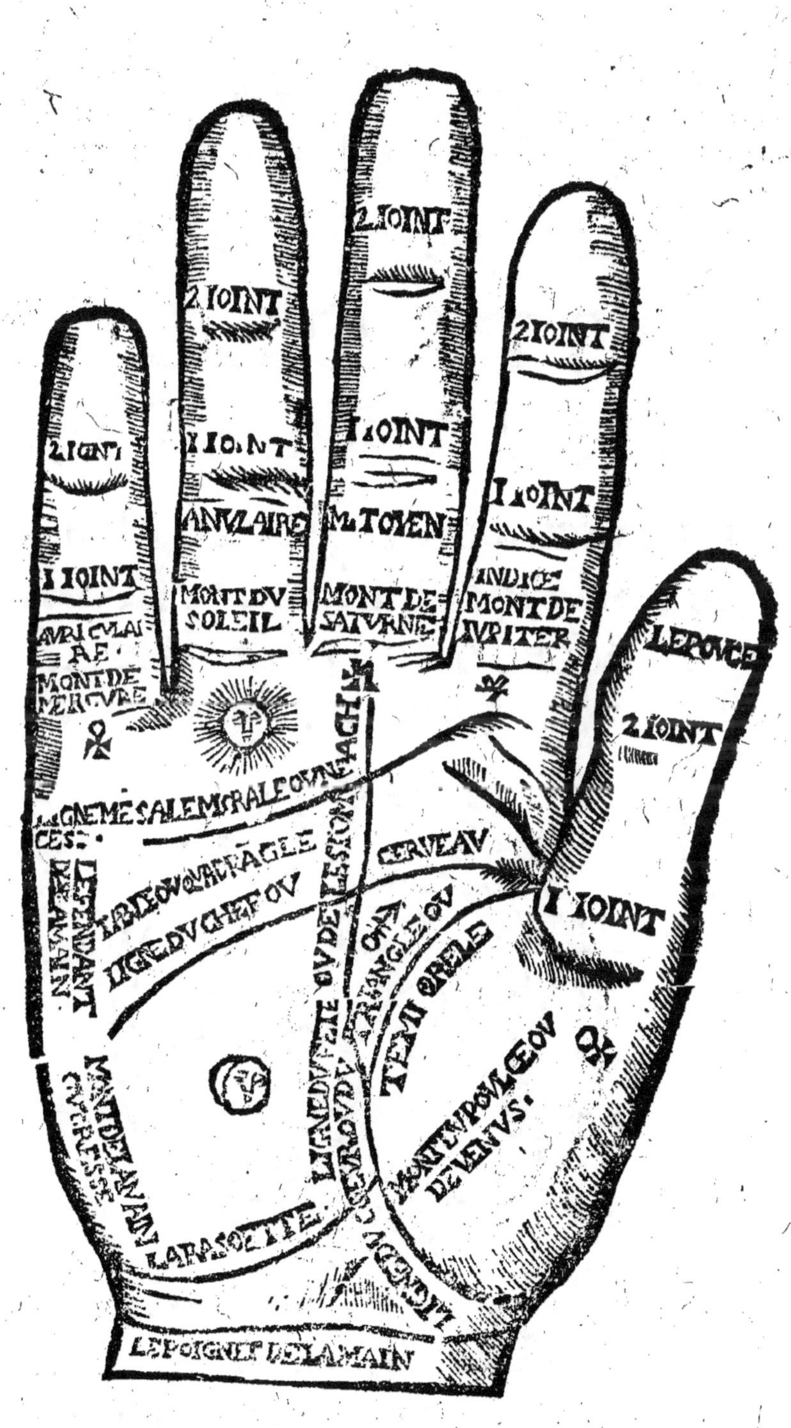

2 IOINT
2 IOINT
2 IOINT
2 IOINT
2 IOINT
I IOINT
I IOINT
I IOINT
I IOINT
LE POVCE
ANVLAIRE
MOYEN
INDICE
2 IOINT
AVRICVLAIRE
MONT DV SOLEIL
MONT DE SATVRNE
MONT DE IVPITER
MONT DE MERCVRE
I IOINT
LIGNE MESALE MISERALE OV NACHAEL
CEST
LIGNE OV RCRAGLE
LIGNE DV CHEF OV DE LA VIE
CERVEAV
TRIANGLE OV TEMPERELE
DEFENDANT DE LA MAIN
LIGNE DV FIE OV DE LESTOMACH
MONT DE LA MAIN OV RESSE
LA RASCETTE
MONT POVLGE OV DE VENVS
MONT POVLGE OV
LE POIGNET DE LA MAIN

LE MIROIR
D'ASTROLOGIE
NATVRELLE,

Premierement les douze Mois, où
se voit l'inclination de l'homme,
& ce qui luy peut arriuer.
IANVIER.

L'Homme qui naist au moi de Ianvier, sera
encline du Ciel au soubs escrit.

L'homme né en ce mois l'incline en pre-

mier de visage & statuë breue, ny grand ny
petit, de couleur obscure, quasi blanc la barbe frisée, il y aura vn peu du blond, barbe longue & belle, belle presence, aymable, la voix
pieuse, delectable, ny gras, ny maigre, ou ma-
licieux : & selon la coustume incliné d'estre
aimé du peuple, pource qu'il sera de nature
Benigne, sçauant & de bonnes coustumes : &
selon l'humeur incliné à varieté, fantastique
& colerique, qui deiestera en soy, sera sujet à
croire quelques choses qui luy soient dites,
facile de s'oublier & deuenir en colere, mais
tost apres retournera en soy auec benignité,
hors de la colere, il sera doux comme vn ai-
gneau, sera traitable, bon de pratiquer auec
luy, monstrera la presence iocunde, mais plusieurs fois sera melancolique, plus selon l'inclination de l ame demonstrera estre d'Eglise
auec bon succez, sera docte, aimera de seruir
à Dieu, incliné à bonne science & conscience,
desireux d'apprendre honneur, & d'auoir enfans pieux, il ne voudra le bien d'autruy, &
s'il en a le rendra, pource qu'il vouara viure
de son trauail. Plus, les signes celestes l'inclinent à souffrir grand trauail, & fortuné en sa
ieunesse, comme furie, misere, calamité, il
fera beaucoup de voyages & desireux de voir
le monde, patira d'vne grande maladie, apres

estre nay, & és douze ans, puis il souffrira quelque inconuenient aux pieds, & douleur de teste, aimera sa femme, & aura vn signe sur les
bras, ou sur les genoux, ou en la poictrine, ou
au pied gauche. Plus les estoilles l'inclinent à
questions, d'où procedera cicatrices, & doit
se garder de l'eau. Plus le Ciel le menace de
perdre la premiere femme en diuerses façons,
& par le patrimoine est en risque d'acquerir
grands biens & quelque peril de mort, sera incliné de faire mieux ses affaires hors de sa maison qu'en sa partie, à trente ans aura vne grande maladie, mais il eschappera, il en aura vne
autre, sur les trente-cinq ans, qu'il se garde en
cette année de ne prendre medecine ou autre
chose veneneuse passé les 35. ans, il sera plus
prospere en son trafic & gain que par le passé,
il sera enclin à trois grandes maladies, comme
humeur melancolique, passion de cœur, douleur de teste, & frenaisie, fievre pestilentielle,
maux de iambes, telles maladies luy pourront
venir en diuers temps, vne maladie notable
pourra auoir à 33. ans, & l'autre maladie à 42.
ans, plus vne autre, qui le menace de peril à
58. ans : bien qu'il se sauuera, & viendra à l'vi-
tiesme maladie és ans derniers de sa vie, qui
sont septante cinq ans.

FEVRIER.

L'*Homme qui naiſt au mois de Fevrier, ſera en-*
c'ine à tout ce qui s'enſuit. Selon la ſtature
ſera long, le viſage roux & de bonne couleur,
vn ſigne couuert, le corps maſle & blanc, la
poictrine belle, belle barbe, le front beau,
grand & clair, l'œil apparent de bonne vie,
charneux & honneſte en ſes affaires, & bon
pour pratiquer, aimera les viandes aigres &
choſes humides & froides, ſe delectera de
l'eau, amy de la peſcherie & choſes ſembla-
bles: il aimera la conuerſation des hommes
de paix, courtois, ſera encliné à honneſteté.
Plus les eſtoilles le font timide de parler peu,
ſi quelqu'vn luy parle il ſe a difficile à la reſ-
ponſe. Sera enclin à la luxure, & peu venteux

au ieu. Plus sera enclin d'auoir beaucoup de
biens & de pouuoir, auec beaucoup de pecu-
ne en son pouuoir, parlera mal d'autruy, il
n'aura besoin que nul luy dise de ses affaires,
d'autant qu'il ne le tiendra secret, il sera fascheux, & pour peu de chose entrera en colere.
Les Planettes l'inclinent à peril de perdre sa
premiere femme, ou on la gardera, pource
qu'elle sera prise ou desrobée, ou violée par
force. Il sera enclin d'estre peu en sa patrie, il
fera grand voyage, duquel il aura gain, & doit
estre enclin à trouuer son aduenture hors de
son pays. Plus, il sera paresseux, & pour sa ne-
gligence il perdra plusieurs choses. Sera incli
né d'auoir sa bonne aduenture dés 22. iusques
à 24. ans, il n'enuieillira pour n'estre pauure
selon sa qualité. Plus est enclin d'estre caute-
leux, dira qu'il fera vne chose, puis fera vne
autre, il ne se souciera plus de ses promesses :
tellement qu'il n'est besoin de s'y fier trop,
ayant ses excuses à propos, bien que non toû-
jours : & selon l'infortune sera incliné à faire
mourir deux femmes. La Planette le menace
d'vne bruslure de feu, ou de brusler ses habits.
Il aura peu d'enfans, & luy sera fait grande
meschanceté & trahison, sera querelé mal à
propos, pour choses fausses. Sera enclin à
grande fortune, trauaux & desplaisirs, trompé

en plusieurs choses & blasmé à tort, se doit
garder des animaux, sera en peril d'estre mordu d'vn chien. Et selon la coustume dominera
bien, aura vne maladie aux yeux, patira d'vn
mal de iambe ou pied, ou autre disgrace. Plus
le menace le Ciel, de maladie és 12. ans & és
15. est menacé d'vne autre maladie és 20. ou 21.
an, & vne autre notable sur les 30. ans, sans plus
l'vltiesme ans de sa vie 38.

MARS.

L'Homme qui naist au mois de Mars, sera incliné du Ciel a ce qui s'ensuit.
  Premierement selon sa phisionomie, stature
mediocre, belle teste, non trop blanc, la pluspart ont quelques signes semblables à ceux
de veroles, le poil couleur de chastaigne ou

blond, la barbe belle, il sera gras, la voix feminine, aura quelque signe au pied gauche ou
droit, sera parleur, ou bien raisonnera facilement aymera le pain bien cuit, la crouste, la
viande rostie & les viandes salées, aymera le
potage & chose humide, comme pescher fon-
taines, riuieres & lacs, ira se promener sur
l'eau, en iardins, & toutes choses pareilles qui
auront recreation & plaisances, aussi il aymera
d'ouyr toutes sortes d'instrumens, de sonner, il
aura grand soin de l'argent & des femmes : il
se trouuera bien de sa femme, il sera feminin,
& aura grand contentement d'auoir des enfans, il aura inclination de seruir à Dieu & d'e-
stre Ecclesiastique, peu se font Prestres, pource qu'ils sont incredules, & doutent que le
prochain ne les trompe, considerent en leurs
actions, craignant que le viure leur manque.
Souuentes-fois se mettra en desespoir, neantmoins monstrera face ioyeuse, mais quelquesfois melancolique : tels hommes sont gail-
lards, de penseurs hauts & de bon engin,
suiura les lettres par voyes de vraye science &
honneur, il sera gracieux & aymable, aymera
la conuersation, il aura richesses & moyens
proportionnez à sa condition, il aymera l'e-
stude de Theologie, & aura beaucoup de choses en son pouuoir, plus est incliné à la colere :

mais foudainement fe tournera en foy miferi-
cordieux , & il fe pourra voir vendu par des
prochains ennemis. De plus, eft menacé d'e-
ftre bleffé d'vn fer à la face ou autre endroit
de la tefte , d'auoir mal aux pieds, & plufieuts
querelles & differents , d'inimitiez prouenuës
d'enuie, aura beaucoup de mal & fâcherie en
ieuneffe, il tombera d'enhaut en peril de l'eau,
aura affronts par des ennemis à 22. ans, pareil-
lement en ce temps aura pauureté , puis acquerra richeffes : il aura peu de biens paternels, & s'il en a il les diffipera & n'en pourra
profiter qu'il ne prenne femme auant les 22.
ans , parce qu'il aura vne vefue, ou vieille,
pauure, mal faine, fans mariage , fera peu a-
uantageux en femmes. Paffé les 25. ans fera
enclin d'auoir vne belle femme d'honneur,
fage, amiable & en aura des biens, celuy fera
chofe facile d'auoir femmes, d'auantage s'il
paffe les trente ans, changera de meilleure force, s'il vit enfemble en ce dit temps, aura beaucoup de mal & tribulations, fouffrira mal fur
la tefte, il fera de volonté obftiné & perfidieux,
eftant petit enfant aura beaucoup de maladies, vne és fept ans , l'autre fur l'vltiefme de
fon aage. Sera encliné d'auoir vne bruflure de
feu ou d'eau boüillante, en fa vie, és 26. ou 38.
& paffant en tel terme aura l'vltiefme maladie
à 75. ans de fa vie.

AVRIL.

L'Homme qui naiſt au mois d'Avril, ſera au Ciel incliné a tout ce qui s'enſuit.

Premierement ſera enclin d'eſtre brun, teſte temperée & grande, la bouche grande, le col gros, plein de chair, ſignalé à la leute ou au col, ou à la teſte, ou à l'œil, de couleur meſlée, tirant à roux, ſeroit enclin d'eſtre furieux, colere, preſomptueux, hardy, peu audacieux, cruel. Plus il ſera encliné du Ciel d'aymer les femmes, & pour cette cauſe il ſera mal traitté, le menace de trahiſons, querelles, inimitiez, exil pour cette occaſion, pourra auoir beaucoup d'aduerſitez, infortunes, affrons des perſonnes, pour telle occaſion s'en ira hors de ſa patrie; abandonnant ſes parens, ſera ſi faſ-

cheux qu'il ne pourra viure auec nul, ſera auaricieux en la deſpenſe de ſa maiſon, & hors
d'icelle liberal auec ſes amis & compagnons
qu'il aimera, ſera liberal & aymable, & ſera
de bon cœur ſeruice. Plus ſera enclin d'auoir
belle grace au parler, & en la couſtume il ſera
enclin d'auoir mauuaiſes couſtumes, aymera
le bien d'autruy, il ſera fortuné à vendre &
acheter, quoy que ce ſoit, & autres ſiennes
affaires, il ſera enclin d'auoir bonne fortune
en matrimoine, acquerra richeſſe, honneur,
pouuoir, & beneuolence. aura femme riche
plus que noble, auec quelques heritages ou
ſucceſſion non penſée, & en doute ſelon la
male fortune d'eſtre fugitif pour quelques ans
& ſera deſrobé. Plus eſt incliné d'auoir playes
en la teſte, au col, auec fer, ou bien autre choſe, ou autre mal en tels lieux, il ſera gaillard,
mais ſolliciteux & ſtudieux, diligent en ſes
affaires, trauaillera librement, & quelque
choſe qu'il commencera la finira, & croy qu'il
luy en viendra bonne fin, ce qu'il ſçaura ne le
pourra taire & le pratiquera, ſe doit garder du
feu, pource qu'il en paſtira quelque violence.
Sera incliné du Ciel d'auoir vne maladie en la
douzieſme année, vne autre en la quatorze,
autre en la dix huictieſme, & a la fin vne grande maladie perilleuſe de mort, puis és trente

ans changera de meilleure forme, se verra vendu de ses ennemis, il aura pouuoir & office de
commander sur les autres, & sera obey, gouuernera famille ou autre authorité, selon son
degré & qualité, le tout luy reüssira bien : il est
menassé d'vne cheute d'enhaut, mais il est enclin d'auoir bonne fortune, à vendre draps, habits de soye, marchandise de laine, escarlate,
& animaux quadruples pour l'agriculture, patira mal à sa bouche, comme scrosulle, squi-
nance, abondance de sang, & humeur colerique, & douleur de dents, soufrira vne maladie
sur les quarante ans, puis s'il la passe viendra
plus riche, & sur la fin de septante-deux ans
doit mourir de bonne mort.

MAY.

M A Y.

L'Homme qui naist au mois de May, sera incliné du Ciel à tout ce qui s'ensuit.

Premierement sera enclin d'auoir le mal de Naples, comme playes, vlceres, nœuds, fistulles, pelades & autres maux, sera guary du mal, luy demeurant tousiours quelques reliquats dudit mal, se sentira tousiours de douleur dans les os. Et selon sa phisionomie sera bel homme, de belle stature, moderé, desiré en compagnie, bien fait, blanc de veuë delicate, de stature moderée, beau corps, en tout bien composé, *& aurium ventri accrurium dolores*, complexion froide; quelquesfois melancolique, la pluspart ioyeux, peu libidineux, sera bien voulu par sa vertu &

gentilleffe , viura bien auec proprieté & honneur, fera debile d'eftomach, aymera la chofe nette , & trouuera fa venture auprés des
Princes & grands Seigneurs , ou de quelque
grand perfonnage , & céla fçaura garder , il eft
encliné d'aller en diuers pays, terres differén-
tes , & citez loingtaines , acquerra grand cre-
dit , beneuolence & amitié de la perfonne honorable & bonnes , doit encores acquerir ri-
cheffés , fera beaucoup eftimé de gens , non
pour fa force , mais pour fa vertu , fera amy
des eftrangers, & les aymera plus que ceux de
fon pays , fera grande courtoifie à autruy : fera courageux, & fe fçaura defendre au befoin,
donnant bonne opinion de fa perfonne , il
donnera bon confeil à tous ceux qui pratique-
ront auec luy , fe deledtera des chofes belles,
& d'eftre bien habilé , galand , ambitieux , il
voudra des habits fomptueux, beaux & honorables , fera fon art & vacation honorable-
ment , il s'adonnera à plufieurs fortes d'exerci-
ces ou arts , principalement à la marchandife,
fcience & office , felon fa qualité & office fien,
le tout auec diligence fans nul fcandale , & en
fera loüé en diuers lieux : il fera enclin à la colere & fcrupuleux , peu de chofe le facheront
& molefteront ; les chofes petites luy appa-
roiftront grandes, il fera gracieux & aymable

refutera la concupiscence, & aymera pluſtoſt
d'eſtre d'Egliſe, pource qu'il naiſt en ce mois,
la pluspart s'inclinent d'eſtre claſtrals. Et ſelon la couſtume murmurera des autres defe-
ctions ſera de bonne couſtume, & ſera ialoux
de ſon honneur, & en ſera grand conte : &
quant à la fortune du Ciel le menace d'vne
mordure de chien en vne iambe ou ailleurs,
ſera accuſé à tort d'auoir commis vn delict &
ne ſera veritable pluſieurs fois ſera mis en pri-
ſon, mais il en ſortira auec honneur, il portera
peril d'eau par turbation ou peur. Plus ſera
ſuiet à beaucoup de maladies, particulierement au premier an, autre plus grande maladie en la ſixiéme année, & autre maladie en la
douziéme année, & autre en la 25. année, il
aura peu d'enfans, & luy dureront peu ſes freres, ſinon vn ou deux au plus, mais auec difficulté, en ce temps aura vne femme honorable,
laquelle mal paſtira pluſieurs fois, dequoy
le pere en prendra melancolie, ſeulement en
aura deux qui viuront bien fortunez, & ſeront
de bon entendement. Plus celuy qui naiſt a
en ce mois paſtira vne grande maladie és 30.
ans, puis changera de meilleure fortune en ſes
affaires, puis patira vne grande maladie extréme & perilleuſe de mort és 42. ans, & pourra
prolonger iuſques aux 69.

B ij

IVIN.

L'*Homme qui naiſt au mois de Iuin, ſera incliné a ce qui s'enſuit.* Sera de ſtature breue
& brun, & de couleur d'Oliue, auec quelque
ſignal ou ſigne és genitaux, quelques-fois em-
peſchement de parler, debilité és membres
peu habille & ingenieux, ou bien inſenſé auec
beaucoup de poil, le front eſtroit, de groſſe
memoire, dur d'apprendre : Plus pourra auoir
vn ſignal au bras droict ou en la iambe, il ſera
encliné d'eſtre vain, bien qu'il ſera habille de
parler, & de bonne conſcience, viura ſans
mauuaiſtié, ſera attentif à ſes affaires, ſans re-
chercher les faits d'autruy, ſera galand & deſ-
pendra quantité de moyens en recherche des
femmes, & aura grand trauail, aymera tous.
mais ſera peu aymé des femmes, combien

qu'il mette son industrie de gaigner pour toutes, & pour ceste cause il ne fera chose qui luy
soit agreable, & auec grande beneuolence les
aymera, sera ioyeux, la presence allegre, &
est encliné d'auoir beaucoup d'ennemis, &
auec le temps les verra venir en pauureté, &
sera plus aisé que tous, il sera suiet à se fâcher
promptement, mais luy durera peu, sera quelquesfois molesté au logis : mais sera de trauail, dira des folies si bien composées, qu'elles sembleront choses vrayes, sera suiet d'estre
trompé, & enclin de tomber de haut, & de
mordure de chien. Il sera subiet à quelque
cruelle fortune de ses parens, & doit soustenir
beaucoup de perils en sa ieunesse. Plus se doit
garder de l'eau, portant peril de la vie, soit en
la Mer ou Riuiere, suffocation de caterre &
autre chose semblable, humide & froide, &
aquatique, & aura peur de l'eau, passera grandes questions & doit passer pour affronteur de
gens, souuentesfois il ne sçaura ce qu'il fait, il
ne doit aller de nuict, ou passera grand peril
de sa vie par fer ou cicatrices és parties no-
bles. Plus le Ciel l'incline à bruslure de feu, &
en aura quelque signe nuisible au corps ou à sa
robe. se doit soigneusement garder de cheminer en temps fâcheux, pour le peril qu'il
porte de se suffoquer, ou de quelque sagette

ou chose semblables, & s'il passe tels perils
pourra trouuer biens, comme robes, ioyaux,
& argent perdus, doit échapper de mort inad-
uertie, il sera curieux de toutes choses & desireux d'elles, & procurera de les auoir auec
toute diligence, souffrira grande passion pour
vne femme, au grand déplaisir, & luy passera telle fantaisie : il aura des enfans de luy ay-
mez, il ne doit acquerir beaucoup de biens &
richesses, & s'il les acquiert les perdra par enuie : il aura diuerses fortunes, & doit en sa
ieunesse passer necessité, ne trouuant pain
pour argent, il luy sera de besoin d'employer
ses amis, de luy donner secours & ayde à son
besoin, doit tomber en inimitié de tous ses
amis, mais il ne sera long temps de retourner
en grace de tous, auec paix perpetuelle, sera
solitaire & melancolique à part soy, il n'aimera trop la compagnie, sinon celle des femmes,
sera de peu de paroles, difficile à répondre.
sera de grande estime & reputation, sera de-
tenu auprès des hommes de bien. Et selon la
maladie qu'il est incliné, il en souffrira vne és
24 ans de 30, en auant, il fera bien ses affaires
& negoces, changeant de meilleure fortune,
& lors feront passez tous les malheurs, bien
qu'auparauant ledit temps sera mis trois fois
en prison, & en sortira auec maladie de me-

lancolie, de peur & timidité, sera flegmatic, &
souffrira passion de poictrine, attrition de nerfs
spame, vertige, mal de cœur, douleur aux bras,
aura deux femmes honorables, peu d'enfans,
& aura vne maladie és 32. ans, & s'il en eschappe viura iusques à 73.

IVILLET.

L'*Homme qui naist au mois de Iuillet, sera encliné du Ciel à tout ce qui s'ensuit.*

Sera homme de belle face ronde, les cheueux rosez ou blonds, de stature breue & honnestement. aura vn signe naturel ou artificiel,
cicatrice en la barbe, aupres de l'œil sera naturellement plustost gras que maigre, les four-
cils velus, & autres sont de visage lantigeux,
de corps velus, de couleur rougeastre ou couleur moyennement meslée auec le blanc des
yeux de differentes couleurs, belle ptesence,

droit & les pieds delicats, & tout le corps fera
encliné felon la couftume d'eftre hardy, & de
grand courage, fort & beau à merueille, fou-
dain il s'oubliera : mais tournera en foy, il fera affez moleftueux au logis, l'on luy verra dire quelque folie femblable à la verité, il fera
trompé, fera honteux au parler, fera mifericor-
dieux, & luy fera fait quelque fâcherie
grandement nuifible, & fe prenant garde il
s'en deliurera & aymera fon honneur, pource
il fera aymé & bien voulu des perfonnes, le
defirant en conuerfation, fera gracieux &
doux, non eftant en colere : mais eftant fâché
fera chofes eftranges, ira en plufieurs lieux du
monde, & pourra patir grandes peines & mé-
contentement, cherchera pays diuers & eftrã-
gers, & plus pour les femmes que pour autre
occafion, fera enuieux, aymant le bien d'autruy pour n'en auoir du fien, auec le temps
pourra patir grande tribulation : les femmes
luy plairont, il dira librement mal d'autruy il
fera fujet à murmurer pour auoir mauuaife
langue, dont en receura grand inconuénient.
Plus pour refpect des femmes fera encliné
d'auoir quelque mauuaife fortune, & pour
refpect d'elles acquerera beaucoup de biens,
& enrichira par la femme, & en aura des enfans, lefquels auec le temps viendront à gran-

de heresie, dissention, difference, querelles, & questions, & selon la disposition de l'esprit, sera homme prudent & sçauant, aura beaucoup d'affaires, sera long en ses affaires, sera iracondieux, & de la facherie tiendra son ire secret, *furor dum impius*, sera obstiné, tellement que nul ne le pourra appaiser & conuertir sa colere, il ne cognoistra à nul sinon à soymesme, sera prompt en leçon, pour estre de complexion chaude & seiche, laquelle luy donnera empeschement & peine iusques à 40. ans sera encliné à passer tous ces trauaux. Plus patira de douleur de teste & grande douleur de reins, sera encliné à la fievre quarte longtemps, dont il en pourra mourir : il est en danger d'auoir vne playe de fer ou feu en la teste, ou au visage, il aura peu de freres, lesquels ne doiuent viure, demeurera seul, passé lesdits 40 ans changera de meilleure fortune, aura office, sera de sa compagnie aimé de tous, aura vne seule femme & beaucoup d'enfans, aura allegreté aux champs, en vignes *& possessioni eius erit vanus*, il aura le visage plat, le semblant farouche, sera beau de corps, belles dents, la langue grande, les oreilles moyennes, les reins delicats, souffrira quelque effort à la iambe ou au pied, il ne sera ny blanc ny noir, sera mal fortuné en ses affaires, *ars ma-*

gïca eius *salutem operabitur*, & à 40. ans patira d'vne grande maladie perilleuse de mort , & s'il la croistra de grandeur , sera cogneu des Princes & Seigneurs, autre maladie suffira és 48. perdra de ses biens communs , & sera suiet à mourir de fer , ou de grande maladie, il aura la teste grosse , *rusticus in sermone*, sera suspectueux & douteux en ses affaires, en sa fantaisie, aura la langue belle , le nez rond, homme seur , plus aura autre maladie és cinquante-huict ans , mais le tout est au vouloir de Dieu , qui range & gouuerne les choses crées , comme vray Createur & vray patron des autres choses, bien que les Planettes peuuent incliner : mais ne peuuent forcer nostre liberal arbitre, comme le dous enseigne la S. R. M. Eglise, & le tout suiet à la volonté de l'Omnipotent, bien que les Planettes ne peuuent que incliner.

A O V S T.

L'*Homme qui naist au mois d'Aoust, sera incliné
a tout ce qui ensuit.*

Sera de visage long, la teste & autre partie
grosse, auec vn signe és reins, ou à la paume
de la main, ou en la poitrine, iambe ou pied,
& aura vne playe au ventre, & selon la couleur
sera mixtionné de blanc & roux, les sourcils
noirs : & beaucoup de cheueux. Et selon la
disposition sera de corps beau & bien formé,
aura la poictrine large, & sera beau, artificieux
par art, amy de s'assotter & aiolietter sera ambitieux. Et selon la coustume sera encliné d'e-
stre odieux, quantité de paroles sera courageux, honteux, mais suiet à changer de vo-

Ionté & de propos , sera grandement desireux
de sçauoir sciences & bons enseignemens.
Plus sera de petite complexion, & maladie, &
peu de salut : auec tous sera courtois & en toutes ces choses : mais sera auare, il prendra ce
neantmoins moins de plaisir en tous ces œuures qu'il fera, en bien sera courageux, aymera Dieu en grande veneration , bien que mali-
cieux & astuce , il sera enclin à la deuotion, il
n'aura trop de salut, mais auec ce sera de bonne nature , sera enclin à estre homme d'Eglise,
quelques-fois sera oublieux , & doit receuoir
preiudice d'vn de ses parens, & trahison de ces
ennemis , souffrira grande tribulation auparauant sa mort , & tombera d'enhaut, sans
toutes-fois se faire beaucoup de mal, sera affable & humain, souffrira mal d'estomach, &
sera enclin à faire voyage , auec empeschement d'eau & danger, trafiquera hors de sa patrie , sera plustost riche que pauure, il sçaura
connoistre & garder sa bonne aduenture de
gagner. Sera encliné de souffrir pauureté auparauant que mourir , auec molestation des
patens, sera desireux de science, & lettres &
autres vertus, cecy sera depuis sa naissance
iusques aux 30. ans & passé cette influence, le
Ciel le menasse encores d'estre en danger de
prisons, mais s'en deliurera toutes fois auec

fâcherie, il se laissera changer volontiers de propos, sera misericordieux, & desirera de donner bons documens aux autres, il sera enuié & receura danger de tous, & passer les 30. ans sera courageux, & aura quelque office gouuernera d'autres, faisant son office honnestement, les rendant à bonne fin, honneur & gain, & selon les maladies qu'il doit passer sont celles-cy. La premiere maladie sera a 11. ans, puis vne autre grande maladie és 40. ans, & en peril d'vne blesseure en la teste, & aura vne maladie perilleuse de mort sur les 58. ans, & encore audit temps aura vne belle femme, fille honorable, l'aymera beaucoup auec ialousie, mais elle ne l'aymera, tant pour quelque defection sienne, le premier enfant luy mourra soudain, & peu luy resteront, luy naistra vn masle, puis femelle, & souffrira grand peril : il pourra auoir playe de feu en la cuisse ou ailleurs, sera luxurieux, modeste au viure, humble & affable, és 23. ans aura vne fievre maligne & pestifere, & puis vne autre és 48. ans, & mourra à la partie aura pouuoir sur ses ennemis, patira mal de feu en vn pied, sera homme qui aymera la iustice, sera de bonne conscience, viura simplement, sera homme de bien, il ne sera vsurpateur, il aura vn frere ou cousin qui luy seront contraires, encore

vne autre maladie és 15. ans, puis és 22. & 36.
& l'vltiesme maladie és 70. il n'aura bonne
fortune sinon és 35. ans, & sera assailly en
honneur, il fera bien ses affaires, principalement en labeur de fer & en possessions de
champs, & en vins fera fortune : mais le tout
est au vouloir de Dieu : car cecy sont inclinations, & ne forcent nostre liberal arbitre, non
pour croire, mais pour se garder des influences celestes.

SEPTEMBRE.

I'Homme qui naist au mois de Septembre, sera
incliné du Ciel au soubs escrit.

Selon la phisionomie sera de beau visage,
aura vne belle barbe longue, aura beau nez,
& selon la disposition de la teste aura beaux

cheueux, & les yeux eſtroits , & par conſe-
quent tout le corps beau & blanc, aura ſignal
au front ou en la leure ſuperieure ou en la teſte, ſera de belle eſtre & aſpect, aura quelque
ſigne naturel ou bien fait par fer, ſera prompt,
erit pulcher facie, venuſtus, laborioſus : & diſci-
plinabilis, & ſelon la couſtume ſera encliné à
parler roide, grand parleur, la voix forte &
alterée qu'il ſemblera eſtre en colere bien
qu'il ne ſoit ainſi, l'inclination le rend homme d'accord & ſage , de grande reputation,
pouuant eſtre entre les hommes vertueux, ſera
amateur de l'honneur ſien , & ſur tout autre
choſe des choſes iuſtes, licites & honneſtes ſera Royal en ſes faicts, & fidelle en ſes affaires,
aymera la verité & les bonnes œuures , ſera
honoré quaſi de tous pour ſa bonté, il aura
mal par enuie qui luy nuira aſſez, en receura
beaucoup de faſcherie & trauaux, aura diuer-
ſes occaſions de querelles , ſera voyage ẽs
pays eſtrangers & loingtains , & en lieux faſ-
cheux & perilleux, le tout pour eſtre bon, ſera
mal voulu, ou bien aura quelque malueillan-
ce de ſes parens, il ſera mal recompenſé de ſes
ſeruices, ſa premiere femme luy plaira trop,
il y en aura qui ne la croiront ainſi, mais pour
femme ſe doit faire tout ce qui eſt de droit,
bien qu'il en aura dommage, perils & tribu-

lations & interest. Plus sera encliné à donner
bon conseil a autruy & sera de grand secours
à ses paroles , sera suiet à quelques maladies
en la 6. année , & sera aymable aux autres , &
pourra voir la mort de ses parens & amis , il
doit estre riche par le moyen d'vne autre femme , & en receuoir grande commodité , & en
la 18. année aura vne grande maladie , & és
15. ans en peril souffrira des genitifs , il sera
subiect à douleur de ventre plusieurs fois & en
peril de mal de Naples , douleur de reins , re-
tention d'vrine , douleur de corps , flux , abondance de spernie , & aura plus d'enfans masles
que femelles , il aura douleurs interieures &
mal de vers , puis és 30. ans aura tous ses trauaux & fortunes , & puis és 38. il pourra prendre la premiere femme en la 18 année , sera
belle & ieune fille , qui sera à son gré honorable & riche , faisant d'elle grand cas , elle sera
ménagere , aura enfans moyennement , lesquels
ne viuront tous.

Il est encor enclin du Ciel d'auoir vne autre
femme és 40. ans , laquelle sera femme ieune ,
& luy consumera toutes choses , & luy vendra
iusques à ces habits , parquoy se,a mal content , il viura en tribulation & mécontente-
ment , meilleur luy sera de ne l'épouser pour
viure plus content , & ainsi éuiteroit tel inconuenient.

uenient. Et quant à l'occident qu'il sera encliné, il porte peril de bruflure de fer ou autrement, & aura beaucoup de tribulation d'autres, pour refpect d'autres, & aura peur des
fiens, ainfi luy conuiendra s'efloigner de tous,
ou bien ne communiquer auec nuls. Plus eft
en danger d'eftre mordu des animaux quadruples, tant des fauuages que des domeftics,
& aura plufieurs fortes de maladies, mais de
toutes guerira, patira vn extréme perilleux, &
mal de mort en l'année 67. & s'il paffe fans
mourir, aura l'vltiefme maladie, qui eft le
temps qu'il doit viure aux 87. le tout au vouloir de Dieu, d'autant que font inclinations
qui ne peuuent forcer noftre liberal arbitre,
ne fe doit croire, mais pour fe bien gouuerner des influences mauuaifes que le Ciel me-
naffe.

C

OCTOBRE.

L'*Homme qui naist au mois d'Octobre, sera in-*
clint a tout ce qui s'ensuit. Selon la vraye
Phisionomie il aura belle face, & beau nez, la
partie externe belle, la teste difforme, auec
vn signe *in scapulis*, ou bien au pied senestre
ou au bras, la poitrine large, le corps gracieux,
vn signe en la teste, ou en l'oreille, *vel iuste*
os læsum, quant à la couleur aura la face rosée,
les cheueux pleins tirant à rouges. Et selon
la disposition de l'entendement sera bien colere, tout le corps bien proportionné & blanc,
le nez informé ou maculé, les sourcils presque conioints. Quant à l'intellect sera fragi-
le, promettra vne chose & fera autre, tellement que nul ne le pourra connoistre en ses

corceptions & propos , ainſi nul ne s'oſera
fier en luy , & moins ſera ſecrer en ſes prop*,
ſera humilié & aimable ; aura bonnes paroles
& trompeuſes parlant auec diſſimulation
fauſſe, ſe delectera de faire fraudulence, tro-
pera ſon prochain , & plus ſuieſt d'vſurper &
dérober le bien d'autruy, ſi ce n'eſt par effect
pour le moins auec la volonté , il aura beaucoup d'ennemis , pource qu'en ſa ieuneſſe ſera méchant & remply de malice contre les
autres,& ainſi luy ſera fait le ſemblable, comme il ſera aux autres , il ſera blaſmé auec rai-
ſon, & tenu pour homme mauuais , *& multas
iniquitates fecit multaque mala* , & pour telle
occaſion ſera pauure, miſerable & infelice,&
s'il a des biens paternels les perdra & conſu-
mera , ou bien en reſtera priué & endurera
beaucoup de peine , ſera encliné à faire beaucoup de voyages , cherchant lieux eſtrangers,
& pays eſloignez, comme homme perdu, ſera
encliné braue, diſpoſé, mais mauuais, cruel
& ſans miſericorde, luy ſuccedera grande aduenture : mais pour ſa malice ne le pourra garder, quant au bien ſera quelquesfois aymable
entre les ſiens & de ſa famille : prendra ſa premiere femme auec difficulté : & verra grande
trahiſon de ſes ennemis , ſera ſubtil & ingenieux , & luy tombera des moyens entre les

mains, s'il les sçait garder aura beaucoup d'enfans masles. Quant à la mauuaise fortune, le
ciel le menasse de receuoir beaucoup de coups
& d'estre battu & blessé, auec forces tribulations, souuentes fois passera risque de la vie,
& de mort, & sera encliné de tomber d'vne
muraille ou de cheual. D'autre part aura vne
sajette ou coup de pierre quelque peu perilleuse, & se doit garder de n'estre affroné ou
coup de fer, aura querelles differentes, auec
autres plus forts que luy, est en peril de tomber d'enhaut, ou en riuiere, se deliurera du
feu, & la femme qu'il prendra sera belle &
blanche & sera telle en beauté, qu'elle luy sera prise par force ou autre voye, bien qu'il se
peut garder de telle influxion, il sera luxurieux,
& patira aux genitals, sera homme qui sera à
estimer, le tenant en sa maison honorable-
ment, sera estimé en sa patrie & des siens, &
depuis beaucoup de maux, *possidebit multa bo-*
na, en sa ieunesse aura vne femme belle, blanche, & de belle face, il s'addonnera aux lettres, & pourra deuenir Chancelier d'vn Prin-
ce ou d'vn peuple, mais en sa ieunesse & vieillesse sera pauure, & n'aura des biens sinon sur
la moitié de son âge, *iste ferror percutietur*, il
sera blessé auec fer, Item, *esse minuetur*, & luy
sera rompu quelques os. Item, *aut ferre, aut*

dolor morietur. Plus pourra mourir de fer, ou de douleur de ventre, fera diuerses offices, & est encliné à faire adultere & beaucoup de mal cherchant d'emporter l'honneur des filles, il passera plusieurs perils de vie, de sa famille luy portant grande inimitié, il sera grandement colerique, & s'oubliera grandement, *ac est valde garrium est multam pusillanimus atque tumidus, tamen in effectum*, sa femme sera bien formée, honneste, *pacifice viuet*, & aura plusieurs maladies. Premierement és 14. ans, vne autre à 43. perilleuse à la mort, puis és 75. aura l'vltiesme maladie, encore aura il quelque mal de beste à quatre pieds, bien que le tout est au vouloir de Dieu, qui est la premiere cause, les Planettes sont la seconde, qui ne peut forcer nostre liberal arbitre de vostre volonté, sinon inclinent & ne forcent.

NOVEMBRE.

L'Homme qui naiſt au mois de Nuembre, ſera incliné à tout ce qui s'enſuit. Quant à la phiſionomie ſera de viſage beau, quant à la couleur ſera blanc, mixtionné, de couleur rouſette, quaſi roux & la teſte groſſe, l'os dur, ſera charneux & gros de moyenne ſtature, belle face, les cheueux plains, ſera de froide complexion, il aura quelque tache és yeux, plus aura quelque ſigne au bras, au doigt, ou genoüil, belles dents delicates & couuertes; aura ſignes au corps ou playes en la ſiniſtre partie de la teſte, ou à la main ſeneſtre, ou au bras droit, ou mammelle ſeneſtre, voiſin au cœur, ſera prompt, le pied leger, fâcheux & ſuperbe quelque peu, ſera vanteux en ces choſes,

bien que ſoyent choſes vrayes , ſera diligent
& ſtudieux , & aimera grandement la vertu,
parquoy aimera les vertueux , les reſpectans
& deſirant du bien , procurera d'apprendre
pluſieurs choſes , doit voir pays & terres eſ-
trangeres , en ſa ieuneſſe doit gaigner & doit
eſtre plus riche que pauure, ſera enuié & pour
telle enuie patira fâcherie , & pour les mauuaiſes & enuieuſes langues de traiſtres , aura
grandes contrarietez , ſera vn peu contraire à
ſon premier office quant aux couſtumes , ſera
amy d'apprendre la vertu. Plus eſt du Ciel encliné d'auoir mal d'vn ſien prochain parent,
& en ſera moleſté , quelque mal doit receuoir
des beſtes à quatre pieds , & eſt encliné d'a-
uoir dignitez , & eſtre gouuerneur d'autruy,
deſquels receura faueur , doit eſtre plus riche
de femmes que d'autres , ſera bien voulu & aimé , plus pour ſes yeux que pour ſa ſapience,
ſera effeminé , & aura auec le temps amitié
auec femmes mariées , & d'vne d'elles aura vn
fils baſtard, & pour telle occaſion patira beaucoup d'affrons , meſme de ſes ennemis , & en
échapera mal ; ſera homme ſplendide , liberal ſeruant à ſes amis, & du ſien en vſera amo-
reuſement , ſera courtois & aimable , ſans
cune recompenſe ou eſperance de faueurs ,
ra homme graue, & regardera à ſes affaires

en sera loüé, bien voulu & bien aymé des personnes : mais en sa naissance souffrira plusieurs maladies, il en aura vne près de sa natiuité perilleuse à mort , puis és six ou sept ans
aura grandes maladies dont il en eschappera,
sera de nature honteux auec des femmes timi-
des, secrettement vsera de tromperie à sa femme, qui sera honorable, verra quelques vns
de ses parens morts, sera aymé de ses ennemis, sçaura supporter l'iniure, & soudain sera
en paix, trauaillera librement & sera ennemy
de l'oysiueté, il viura tousiours en action, &
sera mal recompensé de ceux qu'il aura fide-
lement seruy, sera payé d'ingratitude & d'iniures, il sera malade en la quarte année, autre
maladie és 22. ans , puis en la quarantiesme
année aura des biens & commoditez. Passé ce
temps, sera encliné d'auoir des enfans , desquels sera molesté d'ennuis, sera subiet au mal
des yeux il émouuera des paroles & questions
sans cause, sera homme parleur, luxurieux,
fantastique, turbulant, prompt en action, &
colere, participant de quelque malignité, patira douleur de reims & mal en la bouche plus
aura vne cicatrice faite de fer, au corps ou en
a teste du costé droit, patira douleur d'vn
pied, & quant à la disposition de la memoire
& du corps sera delicat, blanc, & patira de la

rongne, sera bon & mauuais, naturellement
honneste, iuste en ses affaires, aimera la nou-
ueauté, les faueurs, sera quelques fois gaillard & ioyeux, vn temps aura bien autre mal,
il est encliné d auoir en mariage vne fille, puis
apres vne vefue, & autre fille, sera suiet à mordure de chien en quelque membre, il sera en
danger par respect de femme de tomber és
mains de quelque grand personnage, & sera
mordu au bras, ou en quelque autre membre,
sera effeminé, ou luxurieux, encores doit patir quelque grand inconuenient en la 20. année, patira douleur de teste & de corps, autre
maladie doit auoir sur la 47. année, quant à la
bonne fortune, il est encliné d'auoir abondance d'enfans, & aura grand honneur, & verra
la quatriesme generation, & aura vne crean-
ce par mort, il verra croistre ses biens; Et selon la maladie aura grandes tribulations, souffrira vn peril d'eau en vne grande riuiere, mais
il s'en deliurera & tombera entre les mains de
tous ses ennemis, il aura vne femme pour son
lieu de la main droicte, il mourra hors sa patrie, se verra souuentes-fois en desesperation,
& luy sera fait quelque stratageme ou quelque
peur; mais le tout est au vouloir de Dieu, Seigneur de toutes les Planettes qui ne peuuent
autre chose faire qu'incliner, & non forcer

noſtre liberal arbitre de noſtre humaine volonté.

DECEMBRE.

L'*Homme qui naiſt au mois de Decembre, ſera
encliné du Ciel au ſoubs eſcrit.*

Selon la phiſionomie ſera *cum facie crucis,*
mais ſera belle, les cheueux & ſourcils pres
l'vn de l'autre, les yeux mutillans, ſera cháu-
ue, beau, aura vn ſigne en la teſte du coſté
gauche ou au bras droit, ou aux teſticules, *vel
verendis,* il aura vn ſigne ſans douleur en la
hanche ou au talon *corpus cóncedens,* le corps
beau & bien formé, il ne ſera ny blanc ny noir,
tirant ſur le brun : quant à la complexion elle
ſera honneſte, quelques fois colerique &
vain, ſuperbe & encliné à eſtre luxurieux, for-

nicateur, & homme à faire beaucoup de choses, & suiet au gain par le moyen d'autruy, sera calomnié d'auoir commis quelque delict,
& sera à tort & non veritable, il fera à plusieurs
seruice sans estre recompensé pour l'ingratitude, & auec le temps aura diuers dangers en
sa vie, perils, infortunes & aduersitez, & le
tout passera auec prudence, & sçaura se garder, il n'aura faute de tribulation, & l'enuie
luy nuira assez, & pour femme il doit patir
grandement. Puis aura diuerses maladies, &
sera meditant d'autruy, il sera desbauché en
femmes, & laissera faire à la sienne tout ce
qu'elle voudra, se contentera de tout ce que
sa femme luy dira ou fera, & sera maistresse de
luy, ainsi elle ne sera empeschée de faire à sa
volonté ce qu'elle aura enuie, il est sujet (quant
aux accidens) aura cheute d'enhaut, sans toutes-fois se trop offenser, & pourra estre mordu d'vn chien ou autre beste, se mariera sur les
28. ans, pourra receuoir coupure & tailleure
en quelque part s'il ne se donne garde, sera suiet à brusleure ou autre mal, discord & oppression des parens, sera malade plusieurs fois, &
en l'année vingt & vn patira telles infirmitez,
sera homme fort colerique, & se delectera à
porter les armes, sera de forte complexion,
bien qu'il aura molestie & empeschement,

auec grande difficulté sortira en grandeurs &
prosperitez, en bobance, sera enclin de tomber en grandes tribulations, *nam ferro inito
torquetur*, non seulement en la cité, mais hors
d'elle & aussi perdra beaucoup de possessions,
& autres biens stables, estant desnué d'iceux,
aura vn signe au testicule du costé droit ou
gauche, & sera colerique, qu'il pourra faire
vn homicide de sa main propre, sera subtil
non au mal, aimera la verité & gardera l'iniure en la memoire, aura bien auec vtilité en sa
ieunesse, *& naturaliter ornamentum corporis,
diliget.* Il se plaira de se regarder en sa beauté, en ses vestemens barbe & cheueux, sera
encliné à dormir, à la table selon la constellation, souffrira douleurs de ventre, mourra és
trente neuf ans, & s'il les passe il viura longuement, mais la pluspart mourront au susdict
temps. Plus ses suspectueux de patir en l'ame
grandes passions & degoust, & le plus souuent
patissans douleurs de cœur, desirant plustost
la mort que la vie, patira d'humeurs melan-
coliques, tombant quelquesfois en desesperation, sera tousiours en crainte d'estre trompé,
ou que l'on le deçoiuent ; & sera tellement
auaricieux que quelques vns en mourront,
pensant que tous luy mangent ses viures, &
souffrira douleur de teste, mais maladies de

mourir seulement d'eux pourra encourir, encores souffrira vne douleur en vne hanche ou bien au genoüil, ou autre accident, comme vn coup de meurtrisseure, playe, percussion ou autre, mais tout ce luy durera peu, au mois de Decembre quasi roussset auec quelque defection de corps comme difformité, bossus, contrefaits, coxche, boiteux estropiez, ou autres choses semblables, sont rares, sçauoir, ceux qui font bonne auoir. Plus sont inclinez à iouyr peu de matrimoine, combien que par voye de quelque mort, aura vne succession, ou autre bien stable, mais doit penser d'y estre prospere. S'il passe toutes ces années aura quelques moyens bien qu'en telles esperances y aye peu de seureté, pource il sera mal fortuné en sa vieillesse & au commencement. Plus sera fortuné au ieu, & en matrimoine, aura differents auec ieunes gens & femmes, il sera fortuné à traffiquer en betail, & auec vieils, luy profitera l'amitié des restics. Plus sera bon à contracter auec Prestres, & hommes de Cour, gouuernera bien sa famille, bon agriculteur, sera fortuné à trouuer thresors sous terre. Passé les trente ans ne luy plaira les plaisirs, sera assez solitaire plus qu'autrement, il ne sçaura si tost qu'il voudroit iça-

uoir, secret en ses attentions, & tellement sera obstiné, que plustost voudra mourir ou
obeïr au vouloir d'autruy, par sa rebellion &
rudesse, & pour cette obstination luy inter-
uiendra beaucoup de mal & peril.

LE MIROIR
D'ASTROLOGIE
NATVRELLE,

*Discourant de la complexion, coustume
& maladie de la femme qui naist és douze
mois de l'année, de son inclination au bien
& au mal de la vie, afin qu'elle se puisse
garder pour ce qui est de son inclination.*

IANVIER.

LA femme qui naist au mois de Ianuier, sera honnestement belle, & gracieuse, ayant

les cheueux longs , feparez , pluftoft noirs
qu'autrement, elle ne fera trop blanche , mais
gracieufe , elle femblera gracieufe prefence,
mais en abfence fera melancolique , & les
chofes qui luy viendront en defir & volonté,
luy fuccederont à biens, & fortiront à effet &
bonne fin , parce qu'elle fera femme de grand
engin , & aymable , fera liberale , & de ce
qu'elle aura ne pourra garder , pour eftre ge-
nereufe en toutes chofes qu'elle fera , & donnera bon confeil , elle fera follicireufe en fes
affaires auec profperité , & fera contente d'vn
feul mary , & aura enfant fi elle fe marie , qui
donneront bon confeil aux autres, elle aura
fils doctes , mais auront quelque volonté per-
uerfe , & aura beaucoup de maladies graues
fur les 30. & 34. ans , puis fur les 37. ans échapera les deux dernieres maladies fans mourir,
elle fera enclinée d'auoir prudence, bon confeil, & pour fa grande prudence elle plaira à
tous, & aura bonne conftellation , & grand
contentement : elle fera de volonté ferneufe,
principalement à chofes qui appartiennent à
l'engin & gouuernement , plus fera plaifante
& honteufe, & defireufe d'aller par le monde,
& de tout ce qu'elle verra de chofe licite &
honnefte, qui luy appartiendront, elle fera defireufe de faire voyages par lieux inconnus, &

de

de force ira selon la constellation, souffrira
quelque incommodité ou mal d'vn animal,
plus patira vn peu de mal des yeux, elle sera
accusée à tort d'auoir commis infamie, laquelle chose en sera vraye. Et sera la bonne fortune delicieuse, & aura signal en la main droite,
elle sera veritable, fidelle, constante, ingenieuse & de bonne complexion, enclinée à tout
bien, & particulierement à la vertu, elle sera
femme de misericorde & de pitié ; elle n'aura
beaucoup d'enfans, mais sera riche d'autres
biens, & aura faculté grande, dans les 51. ans
changera de meilleure aduenture & sera cruelle à ses ennemis, elle pourra laisser pour quelque temps son mary, & sera inclinée d'auoir
l'vltiesme fin de maladie, 80. ans le tout au
vouloir de Dieu.

FEVRIER.

LA femme qui naift au mois de Fevrier fera enclinée à eftre belle , gracieufe & gentille , de belle reprefentation, auec vne prefence aymable , l'œil gaillard , plein de chair
blanche & maladie , les cheueux beaux , &
nette en toutes chofes , elle fera de bonne
complexion , & aura vn fignal naturel en la
tefte ou au vifage. Et felon la difpofition de
la memoire , fera femme qui fe fçaura gouuerner , & aura égard à fa vie , & fera prompte
fort honnefte & amie , de fon corps defireufe
d'honnefteté , elle aymera les beaux veftemens
& riches habits , les odeurs , & fera amie du
dormir , elle fera beaucoup de chofes qu'elle
ne penfera , & fera à fon dommage , fera mi-

sericordieuse, & aura sinistres auentures, sera
bonne femme & honneste , & aymera sa famille , elle sera fidelle , amiable , liberale,
ioyeuse d'esprit. Et selon la bonne fortune,
sera fort honorable & feconde, elle sera enclinée d'auoir beaucoup d'enfans , & pource
aura quelque incommodité de son premier
enfant , pource que sera vne fille: mais si c'e-
stoit vn fils seroit tout à l'opposite. Et selon la
mauuaise fortune la femme sera enclinée à
quelque tramature , ou bien souffrira és yeux
déplaisir , sera offensée en son premier fils,
elle sera en procez en ce qu'elle desire, elle
pourra litiger auec ses parens, auec son pere
luy sera causé grande méchanceté & trahison, elle sera beaucoup trompée en diuerses
choses & à tort sera blâmée. Plus le Ciel la
menace de perdre le second & premier mary.
Sera morduë d'animaux, & doit patir beaucoup de maladies, se doit garder de feu, pource qu'elle sera en peril de se brûler, elle ou sa
robbe, à douze ans aura vne grande maladie,
& si elle échappe elle en aura vne autre à 20.
ans, puis elle deuiendra encore malade sur les
21. an , puis aura meilleure cõmodité & biens,
la sorte de maladie sera qu'elle souffrira principalement douleurs de ventre, d'estomach &
sera tourmentée d. frenaisie, & pourra durer

D ij

huict mois, & si elle échappe de telle maladie
elle en aura vne autre à 30. ans, & si elle passe
telle maladie perilleuse de mort, elle en aura
vne autre plus grande que toutes les autres, sur
les 38. ans, plus patira d'vn mal à vne iambe ou
pied, si elle passe tel terme elle viura iusqu'à 72.
Le tout au vouloir de Dieu.

MARS.

LA femme qui naist au mois de Mars, sera
enclinée d'estre de complexion rousse, les
cheueux blonds & longs, & la pluspart. Aura
quelque signal ressemblant à ceux de veroles,
le visage gaillard, bien formé, belle, & bien
hardie, se gaussera auec tous, sera bien vouluë
& desirée des grands, sera auantageuse de forme longue, belle de visage, de façon gracieuse ; femme de grand esprit & de trauail, elle

ne pourra estre oysiue, mais tousiours voudra
faire quelque chose, vn peu furieuse, peu patiente, colerique, douteuse auec ialousie, ambitieuse, ornée de vestemens superbe de grande reputation, desireuse de choses nouuelles,
& d'entendre la vie d'autruy, sera tousiours
ioyeuse, honneste, honorée : sera de bon conseil, & honteuse en chose de l'honneur, tirera librement & tiendra la compagnie ioyeuse,
& de bon conseil aux autres, facile reprehen-
sion, murmurant des autres, sera scrupuleuse,
nulle chose qu'elle void luy semblera estre
bien, excepté ce qu'elle fera de sa main. Et selon la mauuaise fortune, la femme aura peu
de salut de sept ans iusques aux douze & de
quatorze iusques à dix-sept ans; & en ce temps
il ne conuient qu'elle se marie, souffrira passion lunatique auparauant les 34. ans, aura &
iouyra des biens paternels, elle fera voyages
& pelerinages en lieux inconnus, où elle
trouuera mary estranger, parce qu'elle aura
les 34. ans, mangera de meilleure sorte, & aura plus grand plaisir, & aura beaucoup de contentement de ses enfans, excepté que le premier fils ne viura trop, elle sera en peril des
animaux à quatre pieds. Plus elle sera en peril
de sept ans iusques à douze d'vne maladie perilleuse dessus la teste, ou genoüil, elle sera

amie de sa volonté, & receura en sa ieunesse
vne grande écorcheure en son corps, & souf-
fira grande perturbation d'eau, & doit auoir
auec le temps huict fils au temps de 21. an, 26.
& en ceux de trente-neuf, ou bien trente-huict,
& encore doit souffrir vne maladie à vnze ans,
& puis auec le temps perdra par forcement le
premier mary, duquel receura grand douleur
& ennuy, tousiours aura memoire du premier,
elle sera tenuë beaucoup de ialousie, pour
estre recherchée de son honneur, & ses parens la pourchasseront auec peril d'estre blessée, ou receuoir coups dessus la teste, ne s'en
pouuant eschapper, mais elle s'en pourra garder. Et les Lundis seront ses iours contraires,
& sera mal fortunée en toutes ses actions. Elle
sera beaucoup si elle passe toutes ses infirmitez, elle viura iusques à 70. ans. Le tout au
vouloir de Dieu.

AVRIL.

LA femme qui naiſt au mois d'Avril ſera inclinée, ſera fort groſſe, de grande ſtature,
la teſte grande mediocrement, auec quelque
tache en la face, ou bien au col, auec belle
veuë, l'œil luxurieux & charnel, blanche &
moribonde, les cuiſſes groſſes, le corps pe-
ſant, belles mammelles, le poil frizé, la poictrine blanche, la iambe groſſe, auec le poil
blondelet, le col gros, le regard amiable, le
pied leger & prompt, la bouche non trop
grande, prompte en ſes affaires, de nature ve-
nerée, du tout belle, auec toute façon belle
que peut auoir vne femme. Et ſelon ſa couſtume & complexion, ſera de grande & forte vie
hardie, ſtudieuſe & diligente en toutes choſes,

elle sera bien soigneuse, si bien que là ou elle
donnera vn commencement, se reduira à
bonne fin, elle verra des lieux estrangers, &
sur les 22. ans souffrira violence de quelque
animal, elle sera inclinée à se marier en la qua-
torziéme année, & aura quelque maladie
particulierement en la seiziéme année, elle
sera sçauante de l'entendement, comme de
grande architecte & ingeniosité & prudente,
elle doutera tousiours en ses affaires, parquoy
sera femme suspectueuse & vicieuse, elle sera
curieuse de sçauoir plus des faits d'autruy que
des siens, & aura plusieurs maris, & porte peril, selon l'inclination de perdre son honneur,
non seulement pecher, mais aussi sera diuul-
guée, si ce n'est en tout, pour le moins en partie, aura quelque vice de dérober, dont elle
patira plusieurs fois, elle souffrira mal aux
yeux & aux pieds, ces maladies seront fievres
ardentes, mais guerira & changera de pays. En
somme elle sera de peu de fermeté, & de ces
vices elle sera reprinse, se gardant quelque
peu de tels vices, son premier enfant sera femelle, elle se peut garder de feu qu'elle n'en
perisse à quelque maladie, & n'est necessaire
qu'elle monte en lieu haut de peur de quelque
peril de choir, ne luy declarer quelques se-
crets, pource qu'elle les manifestera, elle ne

ſera ſecrette en ces attentions, parlera librement & aura vne grande maladie au 33. an, ſi
elle guerit ſera grand cas, changera meilleure
fortune, ſera ſplendide prompte & gracieuſe,
les levres vn peu groſſes & le col velu, poil
grand, ſera courageuſe, ſouffrira apoſteme,
ou autre mal en la bouche, & ſera morduë
d'vn chien, & perilleuſe d'vn coup de pierre
ou fer, & ſe delectera des choſes belles & ſera
belle & blanche de nature, & elle ſera de bonne couleur, belles dents, & les narines belles
& groſſes, la paupiere grande, de couleur
rouſſe, quelque peu patira de veuë, en danger
de venir aueugle d'vn œil, aura ennuy de ſes
ennemis, & ſouffrira vne grande maladie au
40. an, & aura differentes calamitez, auec peril d'vn coup au viſage, & ſi elle paſſe le terme viura iuſqu'à ſeptante ans. Le tout ou vouloir de Dieu.

MAY.

LA femme qui naiſt au mois de May , ſera
inclinée d'eſtre belle en toutes façons gracieuſe plus que les autres , ſçauante , honneſte
& honorée ſur toutes les autres , de ſtature
gentille , de peu de vie , de debile complexion, s'emerueillant les gens de ſa beauté : des
perſonnes paſtiront pour elle grande paſſion,
ſera beaucoup deſirée & ne la pourront auoir,
ſera deſireuſe d'apprendre , & aymera la muſi-
que & d'eſtre chaſte ou Nonne, elle ne prendra mary , ſi elle n'eſt forcée des ſiens , & reïu-
ſera toute concupiſcence.   Et ſelon ſa vie ſera pleine de chair , & bien qu'elle ſera menuë
& non groſſe , elle ſera de bonne couſtume,
prudente & aura aſſez de biens , auec vne ma-

ladie en sa ieunesse, comme elle sera en la quatriéme année & en la septiéme , puis sera en danger de mort. Et aura peu d'enfans, lesquels ne viendront à bonne fin , en la 15. année aura vne grande maladie , puis se tournera en frenaisie & lunatique passion , à dix-huit ans & plus , aura à souffrir beaucoup de douleurs & trauaux : mais par le moyen de bons medecins elle sera guerie du tout de plusieurs maux & tribulations. Finalement elle fera acquisition de biens. Pour son mary elle aura & receura grande ioye & allegresse , encore qu'auparauant elle aye pâty & enduré tribulations , ce neantmoins elle pourra souffrir vne escorcheure d'eau chaude, plus pourra pâtir d'vne cheute d'enhaut, ne se faisant toutesfois grand mal , sera morduë d'vn chien , sera naturellement mal saine, elle aura quelque vlcere en l'œil au corps, ou aura quelque autre mal, elle aura bonne voix, & sera de nature timide, perdra quelques dents, souffrira douleur de reins, & aura quelque faute d'esprit; ou luy ser faict quelque mal   Plus souffrira maladie en les 7. ans, & en la 12. ou bien 14 ans mourra en son lict , & selon sa mauuaise fortunë , sera enclinée d'auoir deux maris, & patira encore d'vn bras , d'vne cheute d'eschelle ou autre part, plus pourra souffrir d'vne main ou d'vn ge-

noüil, & sera colerique & prompte d'esprit.
subitement reuient en ire, & tost luy passe,
Plus aura vne maladie sur les 15. ans, puis 44.
& sera heureuse : mais il luy sera porté vne
grande enuie . & luy sera nuit en quelque chose, & patira vne persecution de pierre qui luy
sera grand mal , elle peut viure 22. ans, & s'y
elle passe, viura 72. ans. Le tout au vouloir de
Dieu.

I V I N.

LA femme qui naist au mois de Iuin, sera
enclinée selon la complexion, sera de bo-
ne complexion & de disposition robuste forte, & fort gaillarde, courageuse & offensée
plus qu'elle ne deuroit pour estre femme &
assez belle & bien formée, sera blanche &

nette, quelquesfois elle aura sa couleur naturelle, autresfois de couleur maladiue, & patira des yeux, parlera grosse voix, & aura vn vlcere au front ou à la poictrine, aymera à boire,
sera beaucoup hardie, & subitement se tournera en repos, sera fâcheux dans le logis, se
donnant assez de fâcherie, & suiette à dire
quelques folies, elle fera effects de tromperie,
& sera en danger & peril de tomber d'enhaut
& en l'eau, & aussi d'estre morduë d'vn chien,
aura cruelle aduenture de ses parens, & auec
peril les soustenir. Elle sera modeste, beneuole & de bonne pratique, sera de bon entendement, elle sera allegre, elle ne croira les choses facilement, elle dira beaucoup de paroles
irraisonnables, & reprendra les paroles hon-
teuses, sera luxurieuse en diuerses facons, &
aura mal de gouttes & mourra d'icelles, ou de
grande quantité de flegmes, de plus, elle sera
inclinée à trouuer biens perdus, ou bien vn
heritage sans y penser luy succedera. Et selon
la mauuaise fortune, auec son mary elle n'aura iamais beaucoup de paix, nuls parens ne luy
resteront, elle n'aura des freres sinon vn, sera
femme qui tiendra la compagnie allegre, di-
sant choses ioyeuses & agreables, aura dissention & diuision auec les siens, elle mangera
bien & boira mieux, & sera plus gouluë, cruel-

le contre ſes ennemis , & ſera d'vn eſprit leger.
Et ſelon la bonne fortune ſera de bonne conſcience , & fera volontiers du bien aux perſonnes, aura pluſieurs maris & enfans mal ſains, de
petite complexion, auparauant qu'elle meure,
& aura vne maladie à 30. ans, & vne autre à 38.
& ſi elle paſſe telle maladie. Premierement elle aura beauconp d'enfans , pluſtoſt ſilles que
fils, leſquels la pluſpart mourront , aura maux
de genoüils & de reins, & indiſpoſition d'eſto-
mach, quelques iours ſera comme hors de ſon
bon ſens, ſouffrira grand douleur de teſte, paſſion de cœur & de reins. Sur la fin de ſa vie ſera honneſtement riche , poſſedera le bien d'vn
ſien parent , elle ſouffrira és premiers ſept ans,
& viura 66. ans. Le tout au vouloir de Dieu.

IVILLET.

L A femme qui naiſt au mois de Iuillet ſera
enclinée d'auoir grande poictrine, & ſera

de regard terrible & audacieux, elle aura le
corps court gros & large, pelu, & aura vn signal en la leure ou en la iambe, & le visage
quelque peu timide, & aura vn signal au costé
droit du front, ou en la poictrine ou au ventre,
le corps blanchastre, les cheueux blancs ou
iaunastres ou blonds, le visage beau & velu, la
langue grande, les dents grandes & fortes, les
oreilles creuses ou grandes, les reins delicats,
sera hardie & de belle complexion, honteuse
au parler, misericordieuse : mais colerique,
quelquesfois dira folie, sera iraconde, mais
cela luy durera peu, & luy sera faict quelque
embusche par finesse ou par enchantement :
mais elle en sera deliurée, & sera honorée &
desirée auec son honneur, sera riche & amiable, douce, non superbe, elle sera d'humeur
d'aller par le monde, & par lieux estrangers,
elle aura maladie de sang & de feu, & aymera
à faire mal, sera ambitieuse, & pensera en soy
estre vne Roine ou quelque grande Dame,
pour l'ambition qui regnera en elles s'estime-
ra tant, qu'elle croira personne pouuoir estre
comparée à elle, sera tousiours alaigre, voudra tousiours rire & gausser, elle souffrira trois
maladies perilleuses, la premiere au quatriesme an, & la derniere au 48. Et sera enclinée à
perir par feu ou de maladie corporelle. Et se-

lon la bône fortune croiſtra de bien en mieux, ſera bien aymé de ſes gens, & perdra des biens communs. Elle aura gens de pouuoir qui luy ſont contraires mais s'en deliurera, ſera nourrie de deux nourriçes. Et ſelon la diſpoſition de l'eſprit, ſera prudente & ſçauante, ſoliciteuſe en ſes affaires, elle ſe ſouuiendra long-temps des iniures qu'elle aura receuë, nulle ne connoiſtra ſon intention, ſinon elle meſme, elle ſera prompte à l'acte venerien, à cauſe de ſa chaleur naturelle, en ſa colere feroit beaucoup de mal ſi elle pouuoit. Sera en danger de mourir en terre eſtrange, & ſouffrira grande douleur de teſte & d'echine, ſera femme conuerſable auec tous, elle aura enfans, ſa fin ſera vaine demeurera ſans freres, elle ſe doit garder, pource que ſon indignation luy pourra faire donner vn coup ou playe en la teſte, ſera deſireuſe de commander, neantmoins elle n'en ſera moins beneuole, & affable à famille, amie & à toute la maiſon, laquelle ſera augmentée par elle d'honneur & de biens. Deſirera tout ce qu'elle verra, dira tous ſes ſecrets, & baillera librement du ſien aux autres, ſera beaucoup deuocieuſe, & ſouffrira douleur és nœuds des pieds & en la hanche: Plus ſera inclinée à tomber d'enhaut, & en danger de patir par le fer ou le feu. Plus elle ſera en pe-

ril de perdre sa virginité, si elle ne se garde
auec la diligence, elle prendra mary és 25. ans,
duquel elle recevra beaucoup d'honneur,
mais il ne luy viura long temps. Plus souffrira passion de cœur, & fievre quarte ou tierce,
laquelle durera quelque mois, & souffrira
douleur de teste. Les Ieudis sont ses iours contraires elle aura sur la fin vne maladie à 71. an,
si elle passe les susdicts perils. Le tout au vou-
loit de Dieu.

A O V S T.

LA femme qui naist au mois d'Aoust, sera
inclinée, l'aspect petit & gracieux, longue face, & la teste creuë, bien qu'elle sera
grasse, sera belle femme, le nez rond, quelque

peu passe, & sera timide, le parler ioyeux, la
couleur meslée entre blanche & rousse, le poil
tirera vers le roux & quelques noirs, ayant des
cheueux en abondance, & naistront prés les
sourcils. Et selon la stature sera assez belle a-
uec vne belle poitrine blanche, le crin mediocre solide & rond, la veuë bien formée, auec
bonne façon, sera plaine grandement d'estre
affectionnée & renduë conforme à la diligence, se plaira de faire plusieurs lauemens &
bains, & autres artifices, & aymera d'apprendre plusieurs choses, la femme sera vigoureu-
se & de trauail, aymera Dieu, sera deuote :
mais preste de faillir, & aura forcement dommage d'vne sienne parente, & pourra se voir
trahie de ses ennemis, n'y aura trop bonne
santé, non moins sera de bonne complexion,
& ne seroit merueilles si elle la gastoit auec
quelqu'vn, elle sera malicieuse, rusée,& souffrira beaucoup de tribulations auant sa mort,
tombée d'enhaut, sans toutesfois se faire trop
de mal, sera affable, humaine & soufrereuse,
aura vne petite indisposition, sera ingenieuse,
ciuile, modeste, chaste d'apparence & d'effect, pour lequel sera aymée de tous en com-
mun, sera iraconde, elle se mariera ès 17. ans,
& aura son premier amant mais durera peu, &
n'aura point d'enfans, du second aura le pre-

mier né de belle forme, elle aura quelque
griefue maladie, & si elle en eschappe viura
longuement, elle sera suspectueuse en ses
actions, & aura vne maladie en sa 11. annee, &
puis en la 24. & aura depuis ce temps deux
maris, desquels sera aymée cordialement &
aura vne playe en la teste, ou brusleure de feu,
ou bien autre mal pour chose particuliere. Et
selon la mauuaise fortune aura beaucoup
d'enfans, mais peu luy resteront vifs, le premier enfant sera vn fils, & l'autre fille, elle sera malade à mort, & receura l'Extréme-On-
ction, & ne mourra, au manger sera modeste
& peu de viures, sera dérobée de plusieurs
choses, elle se bruslera encor en vn feu, aymera choses bien faites, & par conséquent la iustice, sera de bonne conscience, & simple
comme vn Ange ne se souciant des delices du
monde, sera de bonne fortune, elle n'aura
dissention auec ses freres ou parens, elle sera
encores malades és 15. ans, si passé elle viura
70. ans, mais passez les 39. ans, changera de
meilleure fortune, elle aura fortune, elle aura diuorce auec son mary ou l'abandonnera
pour quelque temps, mais le tout est au vouloir de Dieu.

SEPTEMBRE.

LA femme qui naiſt au mois de Septembre
Selon la phiſionomie ſera gaillarde & belle, haute de ſtature, & viſage beau, les cheueux longs, beau nez, l'œil eſtroit, tout le
corps blanc, de ſtature belle, de ſemblant ſim-
ple, ſera amiable auec les autres, & beueuole
familiere auec tous, & ſera enclinée de voir la
mort de ſes parens & amis, elle aura mary à ſa
volonté ſi elle ſe marie és 18. ans, ſera ſage, de
bon conſeil, femme habille pour gouuerner
vne ſelon les paroles certaines, elle aymera oüir les Eccleſiaſtiques, la iuſtice, les choſes faictes, elle aura vn ſigne ſur ſoy, &
maris, le premier aura grande com-
gens, ſera ſage, de bien & ver-

tueuse, & sera belle femme, bien voulüe des
personnes, portera peril d'estre morduë d'vn
chien au visage, ou au corps, aura peu d'enfans du premier mary, pource qu'ils mourront petits, ou bien n'en auront point de son
bien qu'il luy laissera beaucoup de moyens, le
premier fils pourra viure deux ans, & le second
six ans, souffrira maladie és six ans, puis és 13.
15. & 32 ans, & és 39. changera meilleure fortune, mais le premier se bruslera de feu, & aura beaucoup de tribulations pour autruy &
payera encore du sien, sera morduë d'animaux
à quatre pieds, & elle se marie à quarante ans,
pourra consommer toutes choses, & principalement en habits, parquoy viura mal contente, ainsi se doit garder de se marier en tel âge,
pource que non seulement doit garder le
bien, mais sera en danger d'estre de luy blessée
ou de parens, en la teste, laquelle sera mortel-
le, ou bien au ventre, si elle se pent garder de
ce, elle sera fort riche, souffrira douleur d'e-
stomach, sera soliciteuse en choses, le Vendredy est son heure, mais tout est au vouloir
de Dieu benist, de nous tenir en liberté &
garder.

E iij

OCTOBRE.

LA femme qui naist en Octobre selon la phisionomie sera inclinée d'auoir le visage rousset & coloré, cheueux plains, roux & blonds; sera de complexion forte de stature grande, hardie, de beau corps, le nez rebouché, ou quelque peu difforme, les sourcils conioincts ensemble, les genoux gras & beaux, & aura quelque signe à la iambe, quant à la disposition d'esprit, sera affable, discrette, aymée d'aucuns de ses parens & amis, vn parent aydera beaucoup à la deliuer de beaucoup de trauaux, elle aymera presque toutes sortes de viandes, & principalement les choses rosties, aymera la crouste de pain, elle aymera beaucoup la chair & les bons viures, &

les choſes quelque peu apres, ſera librement
ſeruie, vn peu timide, mais amiable, & braue
de ſa famille, diligente ſans ſentir trop de fati-
gue ny trauail és choſes, ſe tournera auec faci-
lité, ſera colerique, bien que les choſes luy
ſuccedent bien, ſera de bonne couſtume, deco-
lerées, de ſubtil entendement, eſtimées des
perſonnes, tant des ſiens que des inconnus, en
ſa ieuneſſe ſouffrira beaucoup de mal, tombera en riuiere ou de haut, & ſera tant de mal
qu'il ſera neceſſaire reioindre les os ſeparez
pour la guerir, ſe doit garder des choſes veni-
meuſes, ſouffrira grand douleur de ventre, finalement aura vne grande bruſleure de feu, &
perdra ſon premier mary, & acquerra force
biens, mais ſera en grand danger d'auoir force
coups & meurtriſſeures, force playes, de peril
de mort ſe pourra garder, elle aura enfans de
trois maris, ſe reſioüira auec eux, vaincra ſes
ennemis, au 30. ans aura grand trauail, dont
elle aura grands biens & gens ſous ſoy. Et ſelon la manuaiſe fortune en ſa ieuneſſe ſera
nourrice & infortunée en peril de perdre la
veuë, aura grande contrarieté & peril des freres ou des parens: le Samedy eſt ſon contraire, elle aura la derniere maladie és 67. ans,
mais le tout eſt au vouloir de Dieu, qui gouuerne le tout auec la liberté de noſtre volonté.

NOVEMBRE.

LA femme qui naiſt au mois de Nouembre,
ſelon la phiſionomie, ſera gaillarde, allai-
gre, bien formée, blanche, quaſi rouſſe, ayant
les os durs, les cheueux grands moderement
& de belle ſtature, ſera belle, bien compoſée,
aura les ſoucils beaux, les yeux auec bonne
veuë, & les genoux tortus, mais elle ſera aymable & gracieuſe, aura vn ſigne en la cuiſſe,
elle ſera graſſe & charnuë, ny grande ny petite auec belle face, ſera pluſtoſt de complexion froide que chaude, & voudra eſtre bien
veſtuë, & neceſſairement aura quelque ma-
cule en vn œil, ſera femme qui aymera la nou-
ueauté, la fragilité, & ſera folaſtre. Et ſelon
la complexion ſera paoureuſe, & honteuſe,

mais pourra vser de quelque folie à son mary,
elle verra quelqu'vn de ses parens morts, & de
ses ennemis, sera patiente au trauail, fera seruice librement à autruy, & sera mal recom-
pensée, aura enfans le marians, desquels les
parens receuront iniures. En ses nopces se le-
uera quelque risée, paroles, questions ou tribulations, plus elle patira vne maladie sur la
quatriesme année, & aux 22. ans, & sembla-
blement és 30. luy suruiendra grand discor-
de, & vn temps aura bien & l'autre aura mal,
quelque temps aura beaucoup de moyens, &
autre temps peu, aura trois maris, vn vieil, &
le second & dernier ieune, & biens pour le
mariage, aura vne morsure de beste au nez ou
à l'espaule, plus aura gracieux aspect, aura la
teste esgale, sera grasse & belle, les dents delicates & petites, aura vn signe en la main gauche de la teste, ou à la main gauche, ou au
bras, ou en la mammelle contre le cœur, aura le pied leger, prompte de cheminer, sera
ingenieuse, sçauante, prudente, astuce, sera
vn peu auaricieuse en la despence, bonne a-
uec les bons, & mouuaise auec les mauuais,
prompte en la vertu, liberale, ne voudra des
biens d'antruy iniustement, elle sera superbe,
luxurieuse, pernicieuse de la langue, parlant
& criant sans fondement & occasion, & dira

parolles veneneuses & iniurieuses , sera de
l'homme insatiable , acquerra beaucoup de
biens passé les 40. ans , souffrira douleur de
cœur & grande passion sur les 20. ans , souffrira quelque inconuenient , & aussi és 47. ans
patira de maladie , puis aura vn heritage d'vn
parent. Et selon la mauuaise fortune aura vn
peril d'eau , se trouuera souuentes fois deses-
perée , & aura vn homme son ennemy qui luy
fera beaucoup de mal , sera subiecte à voir
ombres & visions fantastiques , mais ne s'en
émerueillera pour n'en receuoir aucun mal,
sera longue en ses affaires , elle sera folastre,
& fera quelque chose criminelle , & sera me-
née en prison , sera parfaicte en ses attentions,
passant tous ses trauaux. puis sur la fin sera de
repos , & viura septante ans , le tout au vouloir de Dieu nostre Seigneur, d'autant que les
Planettes ne peuuent forcer nostre liberal arbitre.

DECEMBRE.

LA femme qui naist au mois de Decembre,
sera inclinée à ce qui s'ensuit. Sera aymable, le visage rousset, mais la pluspart sont
brunettes, ayant le poil noir, les soucils beaux,
les yeux beaux & varians, brunets ou noirs,
aucuns ont les cheueux noirs, soit de quelque
mode que l'on voudra, elle sera de beau aspect, elle aura vn signe en la teste ou au bras,
ou hanche, en sa ieunesse elle ne sera noire ny
blanche, sera cruelle, colerique, incredule,
ne se fiera de personne, & moins croira personne, elle aura puissance, fera des ennemis,
elle sera tant colere qu'elle pourra offencer
quelqu'vn de sa main, ou par malice le faire
tuer, mais ne luy viendra à effect, sera mes-

chante & adultere, aura grande tribulation,
sera médisante d'autruy , sera au rang des
nourrices, sera morduë d'vn chien, perdra son
mary, & tombera d'enhaut , elle se mariera
sur les dix-huict ans, aura vne grande maladie
sera blessée & bruslée de feu, elle aura des parens lesquels seront en grand discord, au parler sera veritable, & luy desplairoit les folies
en sa vieillesse, sera vtile & sera naturellement propre, vsera de grande diligence en la
gentillesse de son corps, se mirant souuentes-
fois au miroir de sa beauté, se tiendra bien ornée de corps, les cheueux seront forts, quelque peu melancolique, & tost apres le repas
luy viendra le sommeil, souffrira grand douleur d'estomach & de poictrine, elle se mou-
uera, mais premierement patira des genoux
ou autre mal en quelque membre , perdra
quelques dents & aura vne grande maladie
en la 21. ou 36 année sera fascheuse d'ordinai-
re, & ira hors sa patrie, perdra les biens paternels, elle aura vn signe en la partie secrette
& aura enfans, sera luxurieuse , prudente &
de bon conseil, & ainsi plaira à tous, elle aura force contentement, aymera les amis, &
40. ans passez aura des biens, & viura septante ans. Cette œuure est faite seulement par cu-
riosité, & non pour croire ny moins determi-

ner de certaine chose, pour ce que tout est au voulloir de Dieu.

AV LECTEVR.

Our tirer quelque connoissance de la nouuelle phisionomie, il faut principalement considerer la grandeur de la main, pour la qualité, finalement, la substance, pour autant que les circonstances & les accidens en tels iugemens apportent vne grande signifiance de ce dont on tasche diligemment satisfaire aux humains desirs. Ausquels desirant suruenir nous nous efforçons de leur donner suffisance le plus bref qu'il nous sera possible.

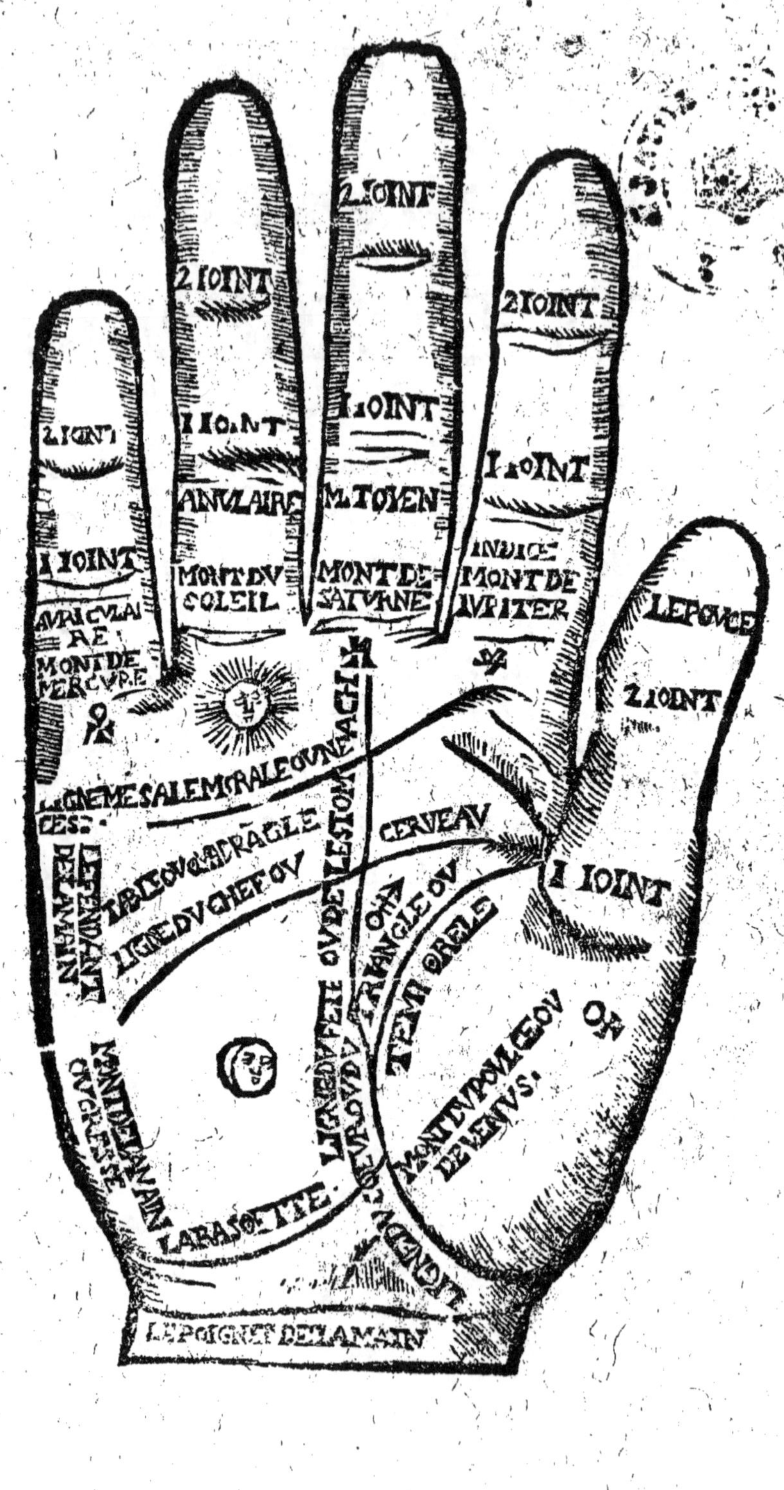

2 IOINT
2 IOINT
2 IOINT
2 IOINT
1 IOINT
1 IOINT
1 IOINT
1 IOINT
2 IOINT
ANVLAIRE
M. TOYEN
INDICE
LE POVCE
AVRICVLAIRE
MONT DV COLEIL
MONT DE SAIVRNE
MONT DE IVPITER
MONT DE MERCVRE
2 IOINT
LIGNE MESALE MORALE OV NE NACH
CESS.
TABLE OV QVADRAGLE
LIGNE DV CHEF OV
CERVEAV
1 IOINT
TRIANGLE OV TEMPORELS
LA DEPENDANT DE LA MAIN
MONT DE LA MAIN OV DE RESTE
MONT DV POVLCE OV DE VENVS.
OR
LIGNE DE VIE OV DE L ESTOMACH
LA RASCETTE.
LIGNE DV QVADRVPEDE OV
LIGNE DV FOYE
LE POIGNET DE LA MAIN

LA CONNOISSANCE DE
la bonne ou mauuaise fortune des hommes & des femmes.

Des qualitez de la main.

IL faut entendre que la grandeur de la main prouient quelquesfois du grand trauail manuel, il aduient mesme que ceux qui trauaillent grandement ont les mains grosses. Encores s'en trouue-il quelquesfois naturellement grosses, c'est à sçauoir par la grosseur des os & des nerfs, & alors les personnes qui les ont telles soient hommes ou femmes, sont naturellement fortes. La grosseur de la main est aussi aucunesfois causée par grande abondance de chair, & les personnes de telles mains sont naturellement yurongnes, villes luxurieuse. Qui a grosses mains & doigts aigus vers l'extremité des ongles, est faux & conuoiteux : mais qui les a larges vers l'extremité est fidelle & bon compagnon. Qui a la poume de la main large & doigts longs est fort subtil és œuures manuels, & bien dispos à sonner Cistres & Orgues &

qui la petite & les doigts gros, sera bon escri-
uain : mais il mourra d'apostume. Qui a les
mains ny trop grandes ny trop petites, mais
bien proportionnées selon la forme du corps,
est personne accommodée à ses negoces, &
qui a les mains petites, est en affaires de nature effeminée, mais insatiable, odieux, volage
d'esprit, & en qui l'on ne se doit fier. La femme qui a les mains verdes, & a le diafragme
rompu, & la nature tellement enleuée, qu'elle est facile à copulation, mais non a conce-
uoir. Qui a les mains grosses & grasses, est de
gros & lourd esprit, mais c'est signe de femme fort desireuse & prompte, &c. qui a les
mains longues, est fort adroit en ses affaires,
& amoureux des Dames : Mais qui a les doigts
courbez mal disposez, & non bien conioints,
est menteur & bauard & qui n'accorde point
ses faits à ses paroles. Si quelqu'vn, soit homme ou femme, se trouue auoir la main sans ligne, il est bestial, tant en sa vie qu'en autre
chose, sinon qu'elle fust consommée & per-
duë par vn trop continuel trauail. Il y a trois
lignes en la main dont la premiere est nom-
mée Obruticon qui commence à l'indice & se
termine à l'Auricule. La seconde est sembla-
blement dite Obruticon, mais opposite à la
premiere estant cette seconde sous le poulce.

La

La troifiéme eft oppofée entre ces deux, lef-
quelles n'apparoiffans, donnent apparence de
mal caduc. Si cette ligne mitoyenne fe termine entre l'indice & le mitoyé, elle fignifie mort
fubite, fi elle fe trouue trenchée perpendicu-
lairement par quelque autre ligne, elle denote
mort caufée par apoftume, mais fi elle commé-
ce de la mitoyenne elle fignifie fanté, fi elle eft
droite & fans iauniffe, elle figni fie verité en paroles, mais eftant entre rompuë, fauffeté. Si elle iette quelques petites lignes, elle fignifie
cautelle & prouidence. Si entre l'Obruticon &
la mitoyenne fe trouuent quelques petites lignes, cela denote mort parmy grãds honneurs,
pource que la ligne mitoyenne demonftre la
vie, laquelle eftant courte, demonftré courte
vie. Si elle s'eftend outre le milieu de la paume, elle la fait plus longue : mais eftant fourcheuë au bout, cela fignifie feculiere, & neantmoins deuotieufe vie.

De la ligne Obruticon.

LA ligne Obruticõ, qui eft deffous le poulce, fe trouuant continuelle & fans entre-
brifeure, fignifie mort en la patrie, mais eftant
coupée, mort par diuerfes infirmitez, & s'il en
fort quelques petites lignes, cela denote que
l'on paffera la mer, mais que poffible l'on n'en
retournera pas. Si elle a en fon extremité li-

gnes entrebiaisantes, auec deux signes figurez presque comme estoilles : cela denote felicité en l'estre du personnage de telle main. Et si en la haute partie sous l'indice se trouue quasi cõme vne estoille, Religieuse vie. Si elle a 2. ou 3. pointes, signifie recherche de 2. ou 3. climats. S'il se trouue plusieurs lignes entre l'Obruticõ & le poulce, quasi perpendiculaires, vers l'Obruticon, elles denotent richesses. Mais si ce sont plusieurs petites croix non perpendiculaires, cela signifie que l'on souffrira beaucoup pour les biens. Si vers la iointure du poulce il y a vne ligne en forme de rets, composée de plusieurs autres lignes, & qu'il en ait plusieurs à senestres cela signifie qu'on ne sera iamais fraudé.

Du poulce & de ses iointures.

SI le poulce qui a deux iointures, se trouue auoir la ligne qui est auprés la main iaunastre, cela denote richesses & gloire, si la ligne de la iointure du poulce, est totallement estenduë auprés de l'ongle, qu'elle enuirõne le poulce, tel signe menace d'estre pendu, & si elle discõtinuë d'vn costé elle sera decapitée. Toutesfois il faut tousiours entẽdre que telles choses sont approuuées par les constellatiõs, lesquelles neantmoins ne contraignent les personnes si fort qu'elles ne puissent euiter les mal-heurs.

Aduenant doncques qu'il ne ſe trouue des lignes entre la premiere & la ſeconde iointure
du poulce, ou prendra de la ligne de pe ite ſuf-
fiſance : mais s'il y a certaines lignes à l'enuiron, autant qu'il y en a, autant ſignifient-ell s
de concubines : & ſi deſſous la paul ne à coſté
s'y en trouue aucunes, autant de lignes autant
d'enfans.

Les quatre doigt de la main & de leurs l gnes.

MAintenant nous parlerons des 4. doigts
qui ſont l'indice, le mitoyen l'anulaire
& l'auriculaire & ont 3 apparentes iointures,
en chacune deſquelles ne ſe trouuant plus d'v-
ne ligne, cela denote mort ſoudaine. Mais s'il
s'y en rencontre 2. également diſtantes, c'eſt ſigne d'vn homme veritable & bon. A propos
dequoy il vous faut eſtre aduertis qu'on voit
quelquesfois en vne main pluſieurs lignes differents, & qu'alors on doit aſſeoir le iugement
ſelon la plus grande quantité & meſmes ſelon
les plus forts, pour autant qu'ils ſont de plus
grande efficace, non ſeulement que la moindre
quantité, mais encor que les moins forts.

Du reſte des lignes apparentes es iointures d s
quatre doigts.

SI en la mitoyenne iointure de chaque doigt
ne ſe trouue nulle ligne, & qu'il y en ait 2.
autres iointures, cela denotera tres aſſeure-

ment dé la perte de l'vn des yeux.

De la couleur de la main, & des lignes d'icelle.

SI les lignes de la main ſe trouuent rouges, ſoit à homme ou à femme, la perſonne eſt ſanguine : mais ſi elles ſont rouges & larges & non les mains, elle eſt luxurieuſe. Et cecy eſt tres-bon pour cognoiſtre la virginité tant d'vn garçon que d'vne ieune fille, pour autant que les ayans longues, & non larges ny rouges, ils ſont rouges indubitablement.

De la ligne de vie & des autres principales.

SI la ligne de vie entre le poulce & le prochain eſt enflée tant à l'homme qu'à la femme, cela denote inclination à homicide. Si l'on voit vne croix ſous la ligne capitale, c'eſt ſigne qu'on acquerra auec difficulté grande. Si la vitale eſt droicte & eſt eſtenduë iuſques au bout d'embas de la main, c'eſt ſigne de longue vie, d'audace & de bonne diſpoſition : mais ſi elle diſcontinuë, & qu'elle ſoit courte, tant en l'hôme qu'en la femme peu ſouuent ou iamais paruiendront-ils à leurs attentes : & ſi elle ſe trouue auoir des Rameaux tendans en haut, cela ſignifie honneurs, & tout au contraire, ſe iettans côtre bas. S'il y en a bas vers la taſcette ou racine de la main vne telle figure O cela denote perte d'vn œil, & s'il y trouue 2. OO cela denote la perte de tous les deux. S'il y a en la fin de

cette-cy vn petit triangle, cela promet vn grãd
defir d'eftudier, conuoitife de gloire : & pœur
où il n'en eft befoin. Si la ligne capitale eft bié
continuée & droicte, cela fignifie bonne complexion de tefte & de cerueau : mais fi elle eft
fuffifamment longue, tellement qu'elle s'eften-
de iufques au mont de la main, elle denote vne
bonne vie, & fi elle eft fi courte qu'elle ne paffe
la concauité de la main, elle fignifie que la perfonne eft paoureufe, auare, & de petite foy, & fi
elle fe rencôtre fourcheuë vers la partie d'embas, elle denote feculiere, & neantmoins denote vie. Si la ligne de l'eftomach, ou du foye eft
continuelle & bien coulourée, elle fignifie bô-
té d'eftomach & de foye, mais fi elle n'apparoît
ou qu'elle difcontinuë, elle denote le contraire, & fi elle eft fort rouge vers la vitale, elle fignifie douleur de tefte par difpofition de foye,
& fi elle eft fenduë d'vn cofté, tant qu'elle par-
uienne iufques dans la concauité de la main,
c'eft figne d'vne prochaine maladie. Le Triangle prefque équilaterale, fignifie l'homme fidelle, de longne vie: aymable & fameux. Quãd
à l'angle du Triangle, caufé par la vitale & par
la ligne Capitale, il fe termine en 3. fortes. La
premiere eft quand la Vitale & la Capitale fe
ioignét dans la concauité de la main, quafi par
l'oppofite de l'efpace, qui eft entre l'Indice &

le doigt Mitoyen, ce qui à l'heure signifie mise-
rable vie, captiuité & solicitude pour amasser
deniers. La seconde est quand icelles lignes
s'assemblent par l'opposite du milieu de l'indice, & alors c'est signifiance de bonne dispositiō
& de subtilité d'esprit. La 3. est, quand telles
lignes sont distantes l'vne de l'autre, ce qui signifie l'hōme estre plaisant, fascheux fol, cruel
mais beau parleur, propre, médisant, prodigue
& menteur. Si la ligne du poulce est vnie à la
iointure aupres de la main & qu'elle soit continuelle, denote prosperité en biens, mais si elle est égarée ça & là signifie qu'ils seront folle-
ment dissipez. Si le ligne de la iointure du poulce auores de l'ongle, enuironne totallement le
poulce, cela signifie que l'homme ayant telle
main, sera pendu, ou qu'il aura la teste trachée,
ou pour le moins qu'il sera autrement iusticié
pour ses delicts, & auenant qu'elle di continuë
en quelque petite partie cela donne à entédre
qu'on pourroit éuiter tel danger, pourueu que
l'on vsast de prudence. L'angle cause de la vitale, & de la ligne du foye, éstant droict & bien
apparent, denote bonté de cœur & forte vertu
& la cōplexion naturellement enclinée à bien,
& s'il est estroit ou aigu, il denote auarice: mais
s'il n'y a point d'angle ou que les lignes s'as-
semblét, cela signifie varieté & instabilité d'es-

prit, infidelité. L'angle causé de la ligne capitale & de celle du foye estant bien disposée, signifie bon esprit & longue vie. Si la mensale
est droicte, large & continuée, elle denote bonne disposition naturelle, & vertu és genitoires,
mais alongissant outre la moitié de l'indice, signifie cruauté, ire, enuie, & detractiō d'autruy,
& si elle a les rameaux tendans en haut, elle signifie exaltation & honneurs, y montât le pauure peu à peu, & le haut de telle ligne va chercher celle du chef, c'est signe d'vn flateur &
mensongeur, & qui murmure & picque en ab-
sence, & si telle ligne regarde le doigt mitoyen
c'est signe d'estre aidé de fortune, mais si elle
entre dedans le doigt mesme, cela signifie de
n'estre iamais sans trauaux & si elle a certaines
creuases, ce sont marques de paillardises &
meschanceté, & si elle est continuelle & mar-
quetée de petits poincts, elle signifie debilité
de naturelle chaleur & impuissance à engendrer. S'il y a vne ligne au mont du poulce aupres de la vitale, cela signifie paillardise, que
l'on mourra hors d'auec les siens, & si vne ligne
venant presque de la racinē du poulce la vitale, cela signifie mutation, & lougue vie.

De la main dextre tant de l'homme que de la féme.

Q Vand l'on verra quelques apparences
rouges, quasi côme trous entre coupez

en la main de la femme , & qu'on y trouue vne
telle figure Y esleuée alors on peut dire qu'elle est enceincte : & si telle figure teud deuers
l'angle en ceste façon, Y sera d'vne fille, si la vitale s'enfle entre le poulce & l'iudice, c'est signifiance que son fruict sera suffoqué ou quelque autre de ses enfans , & si elle est teinte de
diuerses couleurs , c'est à dire qu'elle s'aban-
donne à plusienrs hommes. Si la ligne de foye
& de l'estomach a deux fourchons deuers le
bras F, en telle maniere , cela signifie qu'elle
mourra de mort violente pour larcin,ou qu'elle mourra au feu. S'il y a deux croix au mont
de l'indice ou lignes apparentes, elles signifiēt
honneurs & dignitez : mais si au mont de mitoyen se trouuēt certaines lignes entremeslées
ou estenduës à part soy,elles dénotent angois-
ses,fascheries,pauuretez, caloranie emprison-
nements violences & oppression. S'il en naist
dans la concauité de la main & qu'elles s'esté-
dent outre par la iointure du doigt,elles déno-
te que la femme sera mise en prison & aucunesfois qu'elle mourra si les lignes sont fort estenduës. Si l'on trouue au mont du milieu certaines apparentes lignes elles signifiēt auance-
ment subtilité d'esprit & recherche de diuers
arts,& si certaine ligne les fend , cela denote
empeschement. Si l'on void quelques lignes

proceder de la racine de l'Auriculaire par le
mont d'iceluy, tendât vers le mont de la main,
elles ſignifient la femme menſongere, deſordô-
née, ſuiette à dérober par larcin & inſidiations.
Si la table de la main eſt large & ample, elle ſignifie largeſſe, bonne diſpoſition, & amitié :
mais ſi elle eſt eſtroite, diſcord auarice & inimitié. Si l'on trouue quelques lignes au mont
de la main, tendant vers la Menſale, elles ſignifient amis eſtranges, mais ſi elles tendent vers
la fin d'embas, elles denotét amis de la Nation
de parenté. Si en la percuſſion de la main ſe
trouue, tel ſigne V il ſignifie mortels ennemis,
ou perir de caſuel precipice. Si l'on void vne
telle figure au mont de la main, apres la vitale,
& ioignât le poignet, elle ſignifie parricide ou
ſacrilege, & que la femme eſt tres-meſchante
& paillarde. Si la ligne qui eſt au bras & en la
main, ou poignet eſt droite & continuelle, cela
denote la femme eſtre plus curieuſe de ſes affaires que de celles d'autruy : mais ſi elle eſt
tortuë ou priſée, plus de celles d'autruy que
des ſiennes propres. S'il ſe trouue quelque poil
nœud ou ſuperfluité de chair en la racine de
Mitoyenne, ou de l'indice, ou leur ſecôde ioincture enuiron cés eſpaces d'entre deux, cela ſignifie trauaux deſmeſurez, & preſque conti-
nuels, & diuerſitez d'entrepriſes. Si en la main

y a lignes trauersantes, qui fendent les lignes
naturelles, cela signifie d'estre employé & en-
tremis en diuers negoces, & s'il y a en la main
d'vne féme plusieurs lignes, cela signifie qu'elle est bestiale. Si au muscle de l'auriculaire
hors de la ioincture ou ioinctures apparoist vne
ligne oblique, elle signifie submersion ou danger d'eau en l'enfance, si elle est au Mitoyen, en
l'adolescence, en l'enclier à my aage, en l'indice sur la vieillesse, & au poulce, en l'aage de-
crepit. Si les doigts sont longs & menus, ils signifient bon esprit, principalement és mecani-
ques, mais s'ils sont courts, denote l'homme
fol & enuieux, & s'ils sont esparts pauureté &
misere. Si les ongles sont larges, longs presque
rougeastres c'est bon signe, mais estans courts,
mauuais. Si les ioinctures des quatre doigts
pres la main, n'y a qu'vne ligne, cela denote
mort presque subite : mais s'il y en a d'auantage, longue infirmité & difficile mort.

De la qualité, quantité, proportion & lincature
de la main.

NOus parlerons principalement de la quã-
tité, pource qu'elle est plus prochaine de
la substance immediatement, dont nous disons
que la parfaicte quantité de la main consiste en
trois manieres. La premiere est, qu'elle soit en
son genre de concedete proportion & grãdeur.

La seconde est, qu'elle soit telle à l'esgard du
corps, la tierce, que toute partie d'icelle cor-
responde à proportion de l'autre. Qui a donc
telle main, est de bonne complexion & audacieux, & qui a les mains courtes à l'esgard des
autres parties du corps, doit estre tenu pour
cauillateur, fin & fort, & encores si les mains &
les doigts sont fort courts au respect des autres
parties, cela denote que l'homme est transgres-
seur, larron insidiateur & malin : Mais si les
mains sont assez grandes en comparaison du
reste, elles signifient l'homme estre trompeur,
bauard & mocqueur. Aussi cognoist on le paresseux, negligent, & fol, quand il a la paume
longue auec les doigts courts & gros, si les
doigts de telle paume sont fort courts ou fort
longs, ils signifient yurogne, & s'ils sont rougeastres, flegmatique de complexion. Si les
femmes ont la paume fort courte, ce leur est signe d'engendrer fort difficilement, pour raison
de la petitesse de sa fente feminine, estat icelle
fente semblable à la longueur qui est du dos du
Mitoyen, descendant de la premiere iointure
par la paume iusques au poignet, laquelle estat
doublée fait la mesure du pied, qui a la paume
longue auec doigts proportionnez, est indu-
strieux en beaucoup de choses, & mesmement
à la cousture. Les mains charnuës & bien com-

paſſez de iointures à autre promettent longue
vie,& les concaues (ſoient compaſſez,ou non)
la ſignifient courte. Les mains longues & gres-
lez denotent tyrannie : & les tenuës courtes,
gourmandiſes & bauarderie.Si les mains & les
bras ſont ſi longs qu'ils puiſſent eſtant le corps
debout & tout droict s'approcher des genoux,
cela denote force de cœur:mais s'il y a honneſte grandeur & beauté cela ſignifie bonté : & ſi
les doigts ſont petits & mols,ils denotent l'hôme fol,cruel,audacieux & enuieux,& qui les a
fort tenuës,c'eſt ſigne de folie.S'il a conuenan-
ce eſpace en leur diſtance, cela denote legere-
té & bauarderie. S'ils ſont conioints,pourueu
qu'ils ſoient de facile trãſparence iuſqu'à l'air
longs & droits, c'eſt ſigne d'vn grãd courtiſan,
& quand ils ſont tellement ſerrez que l'air ne
peut tranſparoir, eſtans ainſi aſſemblez ſignifient auarice,malignité:mais ſi les doigts eſtãs
droits & eſtendus,ſe renuerſent & plient en ar-
riere, ils denotent l'homme enuieux, ſubtil &
ingenieux , principalement ſi les doigts ſont
menus. S'ils ſe plient ſur la derniere iointure,
ils ſignifient l'homme enuieux : & eſtans fort
eſparts denotent miſere, pauureté & bauarde-
rie.Qui remuë les doigts comme ſur vn clauier
on Tambour:c'eſt ſigne de ſonger mal, & qui a
couſtumé de frapper des mains en parlant , &

ne s'en peut abstenir, cela denote imperfection & paſſion d'eſprit , & au contraire s'il y a quelqu'vn qui
tremble la main quand il l'eſtend pour prendre quelque choſe, cela denote facile reconciliation de ſon ire,
& petite ſanté s'il n eſt pas ieune, & s il eſt ieune il n'eſt
pas fort, mais eſt melancolique, ireux triſte & mal pen-
ſant, quand aucun va vers quelque bien de ſon appar-
tenance. Au demeurant il eſt goulu en mangeant, mal
veillant & querelleux. Si couſtumierement il tient la
main cloſe en cheminant, & branſle le bras, il eſt im-
petueux, & s'il tien: le poulce entre les autres doigts,
il eſt fort auare & tenant. Les ongles larges, longs,
blancs tenués, preſque roûges denotēt fort bon eſprit,
mais longs & eſteint, denote folie & infirmité, & s'ils
ſont recourbez, ſignifient capacité. Si les doigts ſont
maigres, ils denotent etique paſſion. Ler angles ſont
courts denotent l'homme mal veillant & diſcordant,
& autant ſignifient ils eſtans paſles , quand ils ſont
ronds & aſpres , c eſt ſigne luxurieux , mais s'il y a
quelques points blancs cela denote bons amis, & s ils
ſont noirs, ennemis & perſecuteurs. La couleur blanche, claire & quaſi rouge eſgallement, denote com-
mune bonté d'eſprit mœurs & couſtume, pourueu que
telle couleur ſoit naturelle, & ſi la rougeur gaigne la
clairté en la main, c eſt ſigne de complexion ſanguine,
& ſi elle eſt pereée, cela ſignifie oiſiueté, principalemēt
quand elle eſt variée. Si telle rougeur eſt brune, elle
denote groſſeur de ſang, mais ſi elle tire ſur le verd ou
bien ſur le iaune plus que ſur le blanc, elle ſignifie colere noire, ſi elle reuient ſur couleur citrine, elle denote la perſonne colerique , & ſi elle tient de la citrine
meſlée auec blancheur cela ſignifie perte de biens par
amours, principalement ſi les yeux ſont profonds &

mobiles, mais ſi la blanchſur ſurmonte, & que la rougeur ſoit aucunement diminuée, cela ſignifie abondance de flegmes, & s'il y a participation de verdeur, cela
denote mauuaiſe qualité de flegmes, c'eſt à ſçauoir eſtant la couleur plombée L'attouchement temperé &
bon, conſiſte en la complexion determinée des premieres qualitez, deſpendantes de chaleur & douceur,
fragilité, aſpreté, & grande carnoſité de la matrice,
pource qu'iceluy attouchement ſignifie bonté de complexion, grandeur d'entendement, & prompte appre-
henſion d'eſprit. L'attouchement chaud & meſlé de
douceur, eſt ſigne de chaude & humide complexion,
& s'il eſt meſlé d'aſpreté, denote qu'elle eſt chaude
& ſeiche; & s'il eſt froid & meſlé de douceur, c'eſt ſigne de flegmes, & s'il eſt meſlé d'aſpreté, c'eſt grande
ſignifiance de melancolie.

La groſſeur des neefs & iointures denote la perſonne forte, & s'ils ſont menus, laſches & cachez, ils la ſignifient debile. Les veines fort larges & apparentes
denotent l'homme coleric les retirées, melancolie, les
profondes flegmanes & les apparentes en ſuffiſante
proportion, ſanguin. Les cheueux en deſcente quantité, & les poils ſur le dos des mains, & principalement enuiron la parsie inferieure, & vers le poulce,
& les autres doigts ſignifient complexion & virilité,
mais beaucoup de poil denote inſtabilité, & telle pi-
loſité eſt mal ordonnée & diſcontinuée, par cela denote complexion deſordonnée, & eſprit de meſme, &
s'il y a peu de poil c'eſt ſigne de froideur d'eſprit. Si la
main eſt ſans poil, c'eſt ſigne des mauuaiſes mœurs en
l'homme, & qu'il eſt fol, preſomptueux & beſtial : &
eſtant ſans barbe, il eſt eunuque, mais s'il y a ſuffiſam-
ment de poil ſur le dos des mains vers la percuſſion,

tellement qu'il y en ait aucuns de couleur meslée iufques sur les deux premieres iointures, ils donnent à
connoistre q e l'homme est de tres-bon esprit, & de
tres-bon entendement.

Deuersité d opinions touchant le iugement.

AVcuns veulent que le iugement de cette science
ne s exerce sinon en certain temps & iours, di-
sant que l'on doit consi derer la main dextre de l homme en l'Esté seulement, ou en la primiuete au Diman-
che ou au Jeudy : & celle de la femme, en Hyuer au
Vendredy : mais pourtant ils n'ont point assigné certaine heure pour y auoir esgard. Il y en a eu d'autres
depuis, peut-estre plus autentiques, qui ont esté d'auis
que telle diuersité se deuoit obseruer en quelques
mains & aages : mais qu'on prist garde à la main dextre tant de l'homme que de la femme, c'est à sçauoir
considerant les 5. lignes au mout du poulce, & si on
ne les y taouue, ils veulent qu'on recouure à la senestre, & ont voulu aussi qu'on considere les mains des
enfans, pour autant qu'en icelles les lignes sont assez
apparans.

Les naturelles lignes en la paume de la main sont
quatre, & toute main forme vne ligne directe vers le
Triangle commençant au pied de la ligne superieure
du Triangle superieur, denotanr la vie selon la qualité de leur longueur, tellement que si elles se retrai-
sissent vers le vuide de cét Angle, elles denotent honneste mort, & si cette ligne directe passe par le trauers
deuant la fin du Triangle , & qu'il s y fasse vn arc,
moyennant vne autre ligne, cela signifie mort, & s il
est long deuers la fin mort en eauë, mais s'il se trouue
en la largeur du Triangle vn O la personne demeurera vierge, pourueu que cette largeur soit variée par

vne ligne trauersante. S'il se trouue vne telle figure
E enuiron le premier doigt du pied, en la ligne naturelle, cela denotera Religieuse preeminente, & s'aupres la racine d'icelle se trouuent trois verges entre-
coupez par vne petite noire H-I, c'est signe de lepre,
s'il sort vne petite branche du pied de la premiere naturelle ou d'vne autre, c'est signe d aller en pelerina-
ge, voyager, & si la ligne de vie precedente d'icelle luy
ressemble au commencement, elle signifie douleur de
teste. S'il y a deux C C. en la fosse de la main, c'est signe de tuer. S'il se trouue au mont du poulce, vne petite branche qui fend d'iceluy poulce, elle signifie luxure entre ses parens.

Si plusieurs petites branches fortes passen entre les
deux ioinctures du poulce par le trauers, c'est signe de
grand parentage, & au contraire s il se trouue en toute la percussion de la main, dedans ou dehors plusieurs
lignes entremeslees, elle denote tenacité. Et si sur la
fosse de la Mitoyenne naturelle se commence presen
vn G. qui passe par icelle, & la table soit courbe, c est
signe de retour de quelque lieu que ce soit, auecques
felicité : & si en la superieure ligne deuers la fin de
celle en la premiere table se trouue vn P. il denote
Seigneurie.

F I N.